**プリント形式のリアル過去問で本番の臨場感！**

広島県

# 近畿大学附属広島中学校 福山校

**2025年春 受験用**

# 解答集

本書は，実物をなるべくそのままに，プリント形式で年度ごとに収録しています。
問題用紙を教科別に分けて使うことができるので，本番さながらの演習ができます。

## ■ 収録内容

・解答集(この冊子です)

書籍ＩＤ番号，この問題集の使い方，最新年度実物データ，リアル過去問の活用，
解答例と解説，ご使用にあたってのお願い・ご注意，お問い合わせ

・2024(令和６)年度 ～ 2021(令和３)年度　学力検査問題

JN131943

○は収録あり

| 年度 | '24 | '23 | '22 | '21 | | |
|---|---|---|---|---|---|---|
| ■ 問題(前期) | ○ | ○ | ○ | ○ | | |
| ■ 解答用紙 | ○ | ○ | ○ | ○ | | |
| ■ 配点 | | | | | | |

全教科に解説
があります

**☆問題文等の非掲載はありません**

教英出版

## ■ 書籍ＩＤ番号

入試に役立つダウンロード付録や学校情報などを随時更新して掲載しています。
教英出版ウェブサイトの「ご購入者様のページ」画面で，書籍ＩＤ番号を入力してご利用ください。

書籍ＩＤ番号　117432

（有効期限：2025年9月30日まで）

**【入試に役立つダウンロード付録】**
「要点のまとめ(国語／算数)」
「課題作文演習」ほか

## ■ この問題集の使い方

年度ごとにプリント形式で収録しています。針を外して教科ごとに分けて使用します。①片側，②中央のどちらかでとじてありますので，下図を参考に，問題用紙と解答用紙に分けて準備をしましょう（解答用紙がない場合もあります)。

針を外すときは，けがをしないように十分注意してください。また，針を外すと紛失しやすくなりますので気をつけましょう。

① 片側でとじてあるもの

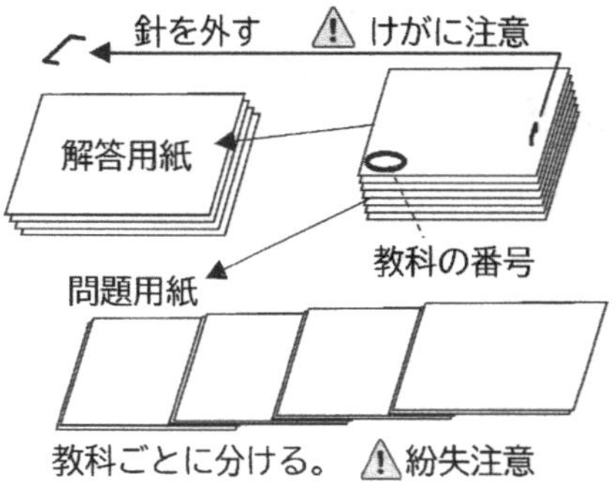


② 中央でとじてあるもの

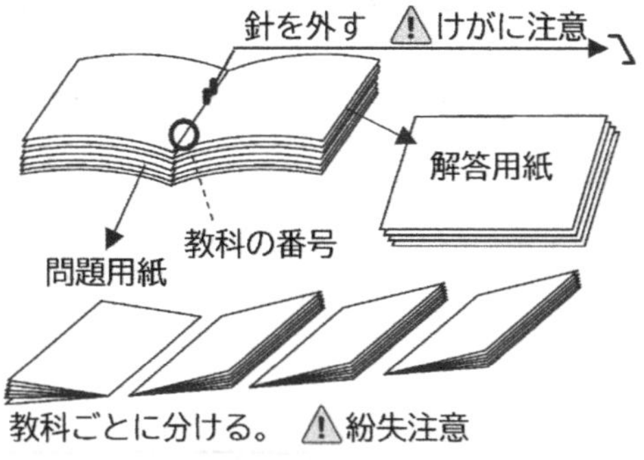


※教科数が上図と異なる場合があります。
解答用紙がない場合や，問題と一体になっている場合があります。
教科の番号は，教科ごとに分けるときの参考にしてください。

## ■ 最新年度 実物データ

実物をなるべくそのままに編集していますが，収録の都合上，実際の試験問題とは異なる場合があります。実物のサイズ，様式は右表で確認してください。

| | |
|---|---|
| 問題用紙 | Ｂ５冊子(二つ折り) |
| 解答用紙 | Ｂ４片面プリント |

# リアル過去問の活用

～リアル過去問なら入試本番で力を発揮することができる～

## 本番を体験しよう！

問題用紙の形式（縦向き / 横向き），問題の配置や余白など，実物に近い紙面構成なので本番の臨場感が味わえます。まずはパラパラとめくって眺めてみてください。「これが志望校の入試問題なんだ！」と思えば入試に向けて気持ちが高まることでしょう。

## 入試を知ろう！

同じ教科の過去数年分の問題紙面を並べて，見比べてみましょう。

### ①　問題の量

毎年同じ大問数か，年によって違うのか，また全体の問題量はどのくらいか知っておきましょう。どのくらいのスピードで解けば時間内に終わるのか，大問ひとつにかけられる時間を計算してみましょう。

### ②　出題分野

よく出題されている分野とそうでない分野を見つけましょう。同じような問題が過去にも出題されていることに気がつくはずです。

### ③　出題順序

得意な分野が毎年同じ大問番号で出題されていると分かれば，本番で取りこぼさないように先回りして解答することができるでしょう。

### ④　解答方法

記述式か選択式か（マークシートか），見ておきましょう。記述式なら，単位まで書く必要があるかどうか，文字数はどのくらいかなど，細かいところまでチェックしておきましょう。計算過程を書く必要があるかどうかも重要です。

### ⑤　問題の難易度

必ず正解したい基本問題，条件や指示の読み間違いといったケアレスミスに気をつけたい問題，後回しにしたほうがいい問題などをチェックしておきましょう。

## 問題を解こう！

志望校の入試傾向をつかんだら，問題を何度も解いていきましょう。ほかにも問題文の独特な言いまわしや，その学校独自の答え方を発見できることもあるでしょう。オリンピックや環境問題など，話題になった出来事を毎年出題する学校だと分かれば，日頃のニュースの見かたも変わってきます。

こうして志望校の入試傾向を知り対策を立てることこそが，過去問を解く最大の理由なのです。

## 実力を知ろう！

過去問を解くにあたって，得点はそれほど重要ではありません。大切なのは，志望校の過去問演習を通して，苦手な教科，苦手な分野を知ることです。苦手な教科，分野が分かったら，教科書や参考書に戻って重点的に学習する時間をつくりましょう。今の自分の実力を知れば，入試本番までの勉強の道すじが見えてきます。

## 試験に慣れよう！

入試では時間配分も重要です。本番で時間が足りなくなってあわてないように，リアル過去問で実戦演習をして，時間配分や出題パターンに慣れておきましょう。教科ごとに気持ちを切り替える練習もしておきましょう。

## 心を整えよう！

入試は誰でも緊張するものです。入試前日になったら，演習をやり尽くしたリアル過去問の表紙を眺めてみましょう。問題の内容を見る必要はもうありません。どんな形式だったかな？受験番号や氏名はどこに書くのかな？…ほんの少し見ておくだけでも，志望校の入試に向けて心の準備が整うことでしょう。

そして入試本番では，見慣れた問題紙面が緊張した心を落ち着かせてくれるはずです。

※まれに入試形式を変更する学校もありますが，条件はほかの受験生も同じです。心を整えてあせらずに問題に取りかかりましょう。

# 近畿大学附属広島中学校福山校

## 《国　語》

一 問一．①こうどう　②どくは　③はんが　④こころよ　問二．①利益　②飼育　③仏像　④改築　⑤再　⑥備

二 問一．ⓐ鼻　ⓑ耳　問二．A．ア　B．ウ　C．エ　D．イ　問三．物事の一面を見て判断してしまいがちな点。　問四．エ　問五．ア　問六．Ⅰ．自分の得意なことや持っている力を発揮してそれぞれの役割を果たすことができる場所。　Ⅱ．イ　問七．エ

三 問一．ⓐア　ⓑエ　ⓒイ　問二．A．エ　B．ウ　C．ア　D．イ　問三．X．胸　Y．鼻　問四．Ⅰ．ウ　Ⅱ．ア　Ⅲ．オ　Ⅳ．イ　Ⅴ．エ　問五．マリルウが、ロニーの水筒に、日本の運動会ではルール違反になるコーラを入れたという失敗。　問六．ア→エ→イ→ウ　問七．今度、おり

## 《算　数》

〔1〕(1)89　(2)3036　(3)112　(4)$\frac{3}{8}$　(5)3.8　(6)70　(7)11.2　(8)$\frac{6}{25}$

〔2〕(1)920　(2)29　(3)117　(4)72.25　(5)1000　(6)75

〔3〕(1)8.478　(2)9.28　(3)3.14

〔4〕(1)$\frac{1}{15}$　(2)67　※(3)15

〔5〕(1)1500　(2)(あ)300　(い)15　(う)6　(え)500　(お)200

※の途中の計算は解説を参照してください。

## 《理　科》

1 問1．ア，エ　問2．エ　問3．0.5　問4．ア，カ　問5．イ　問6．ウ

2 問1．水溶液A…イ　水溶液B…カ　水溶液C…オ　問2．青　問3．64　問4．36

3 問1．エ　問2．エ　問3．④　問4．地層　問5．ア　問6．(ア)流れる水　(イ)かど

4 問1．A，20　問2．60　問3．20　問4．120　問5．ウ　問6．イ

## 《社　会》

1 問1．あ．山梨　い．近畿　う．三重　え．中京　問2．(1)ウ　(2)白神山地　問3．110.74×360　問4．(1)③，⑤　(2)台風などで屋根がわらがとばないようにするため。

2 問1．家庭　問2．インド　問3．(1)広島　(2)①イギリス　②フランス　問4．イ

3 問1．①徳川家康　②与謝野晶子　③歌川広重　⑤大隈重信　問2．1．本能寺　2．関ヶ原　3．日露　4．大仙（下線部は山でもよい）　5．立憲改進党　6．板垣退助　7．板付　問3．イ

4 問1．(1)平和主義　(2)ア　問2．ウ→ア→イ　問3．イ　問4．ア　問5．ア

# 近畿大学附属広島中学校福山校

## 《2024 国語 解説》

二 問一ⓐ ゾウの体で「ヘビのように細長い」部分は、鼻である。 ⓑ ゾウの体で「うちわのような」形をした部分は、耳である。

問三 物語の中で、「目の見えない人たち」は、ゾウの体の一部分だけをさわって、ゾウがどのような生き物かについて感想を言い合った。その感想は、ゾウという生き物の一面だけをとらえたものである。私たちも「ゾウは鼻の長い動物である」というイメージをもっているが、「ゾウは鼻が長いというのは、ゾウの一面でしか」ない。つまり、私たちも、物事の一面だけを見て判断しがちなのである。

問四 上から見て丸く見えるのは、ア、ウ、エである。この中で、横から見て三角に見えるのはアとエである。そして、アとエのうちで、別の方向から見て四角に見えるのは、エである。

問五 ここでの「らしさ」は、「まわりの人たちが作り上げた」ものであり、まわりの人は、「あなた」の一面だけを見てレッテルをはる。このようにして作られた「らしさ」は、間違《まちが》いではないかもしれない。しかしそれは、「ゾウは鼻の長い動物である」というイメージと同様に、「あなた」の一面でしかなく、“本当の自分”とは違うものである。こうした「らしさ」の特徴《とくちょう》に最も近いのは、アの「幻想《げんそう》」である。

問六Ⅰ 文章の８行目に、「持っている力を発揮できるニッチを探すことが大切なのです」とある。この「持っている力を発揮できる」場所が「ニッチ」なのである。また、「持っている力を発揮」することについて、「人間は～助け合いを通して、さまざまな役割分担を行い、社会を築いてきた」と述べている。この「さまざまな役割分担」について、人間社会では、「得意な人が得意なことをする」こと、「一人ひとりが、社会の中のさまざまなポジションで、さまざまな役割を果たす」ことが行われていると説明されている。 Ⅱ イの後半の説明は、「持っている力を発揮」しているとはいえないため、「ニッチ」の説明として正しくない。他の選択肢《せんたくし》は、「得意なこと」や「持っている力を発揮」している例なので、「ニッチ」の説明として正しい。

問七 問五の解説にあるように、周りの人が言う「あなた」らしさは、「あなた」の一面でしかない。そして、「“本当の自分”らしさを探すときには」自分たちのまわりにあるたくさんの「『らしさ』を捨ててみることが必要」であり、「『らしさ』という呪縛《じゅばく》を解いたときに、初めて自分の『らしさ』が見つかる」と述べている。その上で「しかし『らしさ』を探し続けるのです。それが自分のニッチを見つけることでもあるのです」と続けている。そして、「自分のニッチを見つける」上では、問六の文章にあるように、「持っている力を発揮できるニッチを探すことが大切なので」ある。よって、エが適する。

三 問三X 胸が高鳴るとは、期待や希望で興奮して、胸がどきどきすること。 Y 鼻がきくとは、よいものなどを見つけだすのがうまいこと。

問四Ⅰ 「ロニーを助けるために進みでようとした」ところで肩《かた》をつかまれたことや、太二くんのおとうさんが「まずは先生にまかせましょう」と言っていることから、「いまは行かないほうがいい」とあるウが適する。

Ⅱ 前の行に「不安のあまり～抱きついた」とあることから、太二くんのおかあさんは、マリルウを安心させるような声かけをしたと考えられる。よって、アが適する。 Ⅲ 直後に「そう言って、太二くんのおとうさんが水野先生にかけよった」とあるので、オが適する。 Ⅳ 直後に「右手をあげた太二くんのおとうさんに呼ばれて」とあるので、イが適する。 Ⅴ 太二くんのおかあさんが太二くんのおとうさんにかけた言葉なので、「あなた」とあるエが適する。

**問五**　マリルウが「自分がとんでもない失敗をした」と理解したのは、「ロニーくんの水筒《すいとう》のなかがコーラだということで、子どもたちがさわぎだしたようなんです」と、水野先生に言われたときである。

**問六**　ロニーは「一位でテープを切った」あと、「跳《と》びあがってよろこんでいる」ので、最初はアの「歓喜《かんき》」である。その後、水筒の中身がコーラであることを周りの子たちに知られ、三年一組の子たちにとりかこまれるさわぎになった。ロニーは「水筒を両腕で抱きかかえて、頭をはげしくふ」っていることから、このときの心情は、エの「恐怖《きょうふ》」である。さわぎがおさまった後、太二くんのおとうさんがロニーに話しかけている場面に、ロニーは「こわばった顔でうなずいた」とあるので、このときの心情は、イの「緊張《きんちょう》」である。最後の方で、水野先生が「ロニーくん、きもちをきりかえて、赤組の優勝めざしてがんばろう」と言ったとき、ロニーは「元気に返事をした」。よって、このときの心情は、ウの「安堵《あんど》」である。

**問七**　今回の水筒の中身をめぐるトラブルは、日本とフィリピンの文化のちがいに原因があった。「(　　　)」の直後に「お互《たが》いの国や文化をもっと理解して」とある。よって、こうした相互《そうご》理解につながる「今度、おりを見て、ロニーくんにフィリピンの運動会について話してもらいますね」という一文をぬき出せばよい。

## 《2024　算数　解説》

〔1〕

(1)　与式＝64＋25＝**89**

(2)　与式＝(2024÷２)×３＝1012×３＝**3036**

(3)　与式＝８＋104＝**112**

(4)　与式$=\frac{4}{8}+\frac{6}{8}-\frac{7}{8}=\mathbf{\frac{3}{8}}$

(5)　与式＝2.5＋1.3＝**3.8**

(6)　与式$=(3\frac{1}{8}+\frac{3}{8})\div\frac{7}{5}\times28=3\frac{4}{8}\times\frac{5}{7}\times28=3\frac{1}{2}\times20=\frac{7}{2}\times20=\mathbf{70}$

(7)　与式＝(5.6×４)×1.5＋5.6×４－(5.6×２)×４＝5.6×６＋5.6×４－5.6×８＝5.6×(６＋４－８)＝5.6×２＝**11.2**

(8)　与式$=(6.9\times\frac{2}{5}-\frac{3}{5})\times\frac{1}{9}=(\frac{69}{10}\times\frac{2}{5}-\frac{3}{5})\times\frac{1}{9}=(\frac{69}{25}-\frac{15}{25})\times\frac{1}{9}=\frac{54}{25}\times\frac{1}{9}=\mathbf{\frac{6}{25}}$

〔2〕

(1)　定価は原価の１＋0.15＝1.15(倍)だから，800×1.15＝**920**(円)である。

(2)　**【解き方】Ａさんが B さんに初めて追いつくのは，Ａさんの進んだ道のりがＢさんの進んだ道のりより，池１周分の道のりの 203mだけ長くなるときである。**

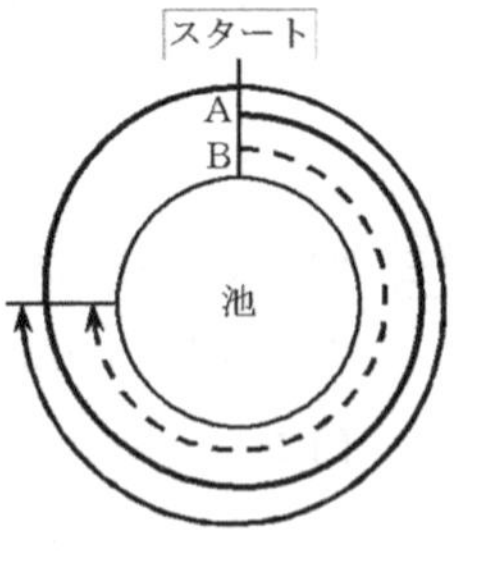


１分あたりに進む道のりはＡさんの方がＢさんより 62－55＝７(m)だけ多い。

よって，２人の進んだ道のりの差が 203mとなるのは 203÷７＝**29**(分後)である。

(3)　自転車で通学していない生徒は全体の$1-\frac{5}{18}=\frac{13}{18}$だから，$162\times\frac{13}{18}=$**117**(人)である。

(4)　**【解き方】正方形を対角線で２つに分けると，合同な直角二等辺三角形が２つできることを利用し，(かげのついた部分の面積)＝(三角形ＡＦＣの面積)－(三角形ＡＧＤの面積)で求める。**

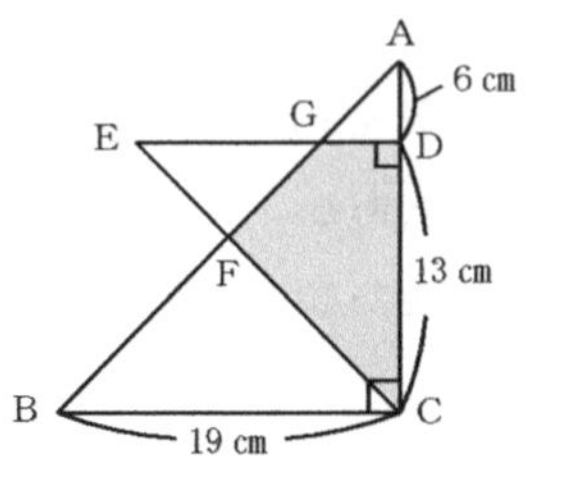


右図で，ＢＣとＥＤは平行だから，三角形ＡＢＣと三角形ＡＧＤは形が同じなので，三角形ＡＢＣと三角形ＡＧＤは直角二等辺三角形である。

ＡＤ＝ＡＣ－ＣＤ＝19－13＝６(cm)だから，ＧＤ＝ＡＤ＝６cmとなる。

よって，三角形ＡＧＤの面積は６×６÷２＝18(㎠)

角ＦＣＡ＝角ＣＡＦ＝45°だから，三角形ＡＦＣは直角二等辺三角形であり，

その面積は対角線の長さが19 cmの正方形の面積の$\frac{1}{2}$となるので，(19×19÷２)÷２＝90.25(㎠)である。

したがって，求める面積は90.25−18＝**72.25**(㎠)

(5)　**【解き方】和差算を利用する。**

兄が弟に300円わたすと２人の金額が同じになるから，はじめに２人が持っていた金額の差は300×２＝600(円)である。このとき，弟が持っていた金額を600円多くすると，２人が持っていた金額は同じになり，合計は1400＋600＝2000(円)になる。よって，兄がはじめに持っていた金額は2000÷２＝**1000**(円)である。

(6)　**【解き方】50から100までの整数のうち，偶数の方が奇数より１だけ大きくなるような２数の組をできるだけ多くつくり，計算を簡単にする。**

50から100までの整数は100−50＋１＝51(個)あり，このうち偶数は26個，奇数は25個ある。よって，差が１となる偶数と奇数の組を100と99，98と97，…のように大きい方からつくっていくと，25個つくることができ，50が余る。よって，求める整数の和は(100−99)＋(98−97)＋…＋(52−51)＋50＝１×25＋50＝**75**

〔３〕

(1)　**【解き方】ｎ角形の内角の和は，180°×(ｎ−２)で求められることを利用する。**

五角形の内角の和は180°×(５−２)＝540°だから，正五角形の１つの内角の大きさは540°÷５＝108°である。

かげのついた部分の面積は半径３cm，中心角108°のおうぎ形の面積だから，３×３×3.14×$\frac{108°}{360°}$＝**8.478**(㎠)

(2)　**【解き方】右図のように補助線を引く。**

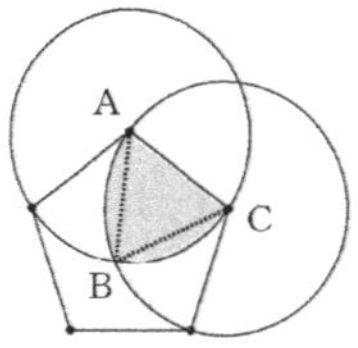


円の半径だから，ＡＢ＝ＡＣ，ＡＣ＝ＢＣより，ＡＢ＝ＢＣだから，三角形ＡＢＣは正三角形である。よって，角ＢＣＡ＝角ＣＡＢ＝60°なので，求める周の長さは

３＋３×２×3.14×$\frac{60°}{360°}$×２＝**9.28**(cm)

(3)　**【解き方】かげのついた部分の周の長さは，半径３cmの合同なおうぎ形の曲線部分の長さ５つ分である。よって，このおうぎ形の中心角を考える。**

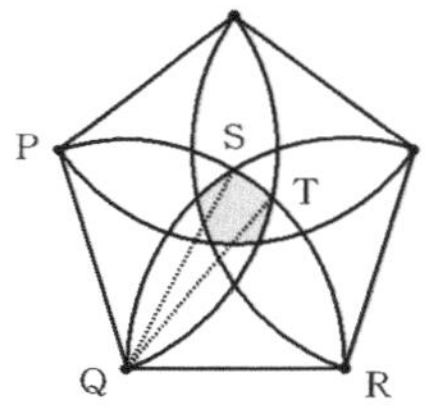


右図のように補助線を引く。このとき，角ＰＱＲ＝108°であり，(2)より，角ＳＱＲ＝60°だから，角ＰＱＳ＝108°−60°＝48°

同様に，角ＴＱＲ＝48°となるので，角ＳＱＴ＝108°−48°×２＝12°

したがって，求める周の長さは半径３cm，中心角12°のおうぎ形の曲線部分の長さ５つ分だから，(３×２×3.14×$\frac{12°}{360°}$)×５＝**3.14**(cm)である。

〔４〕　**【解き方】この数の列の分母は１，３，５，…と連続する奇数であり，分子は１から分母の数まで連続する整数になっている。**

(1)　**【解き方】その分母の数までに並ぶ分数の個数の和は右表のようになる。**

| 分母 | 1 | 3 | 5 | 7 | 9 | … |
|---|---|---|---|---|---|---|
| 個数の和 | 1 | 4 | 9 | 16 | 25 | … |

表より，個数の和は１＝１×１，４＝２×２，９＝３×３，…となり，連続する整数を２回かけた値《あたい》になる。同様に計算していくと，分母が11のとき６×６＝36，13のとき７×７＝49，15のとき８×８＝64となるから，左から50番目の分数は分母が15である分数のうち，左から１番目である。

よって，求める分数は，$\boldsymbol{\frac{1}{15}}$

(2)　(1)より，分母が15までの分数は64個ある。$\frac{3}{17}$は分母が17の分数のうち，左から３番目だから，64＋３＝**67**(番目)である。

(3)　**【解き方】１からｎまで連続する整数の和は，$\frac{(1+n)\times n}{2}$と求められることを利用する。**

１から 30 までの整数のうち，最も大きい素数は 29 である。よって，求める和は，$\frac{1}{29}+\frac{2}{29}+\cdots+\frac{29}{29}=$
$\frac{1}{29}\times(1+2+\cdots+29)=\frac{1}{29}\times\frac{(1+29)\times 29}{2}=$**15**

〔５〕

(1)　Ｃさんは家から学校まで６＋４＝10(分間)歩いたから，家と学校の間の道のりは 150×10＝**1500**(m)である。

(2)　**【解き方】Ｂさんと Ｃさんの間の道のりはグラフが複雑なので，グラフの傾《かたむ》きが変わる点で何が起きたのかを具体的にグラフに書きこんで考える。ただし，ＢさんがＡさんに追いついたのと，Ｃさんが本屋から出たのはどちらが先か，計算して求める必要がある。**

ＡさんとＣさんが１分間に進む道のりの差は 150－100＝50(m)だから，㋐＝50×６＝**300**(m)である。

本屋は家から 150×６＝900(m)はなれたところにあり，Ｃさんが家を出て６＋５＝11(分後)に本屋を出発したとき，Ａさんは家から 100×11＝1100(m)のところにいるから，２人の間の道のりは 1100－900＝200(m)である。

このあとＣさんは 200÷50＝４(分後)に追いつくから，㋑＝11＋４＝**15**(分)となる。

【図２】に具体的に何が起きたかを書きこむと右図のようになる。

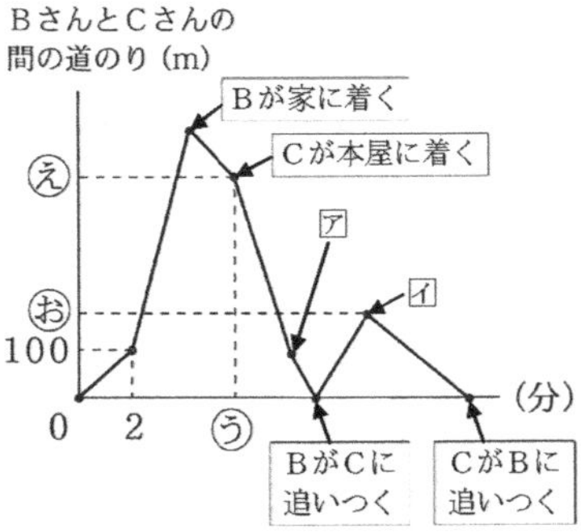


㋒はＣさんが出発してから本屋に着くまでにかかった時間だから，㋒＝**6**(分)となる。

㋓はＣさんが本屋に着いたときのＢさんとの間の道のりである。

Ｂさんは出発して２×２＝４(分後)に再び家を出発し，このとき２人の間の道のりは 150×４＝600(m)である。ここからＣさんが本屋に着くまで，Ｂさんと Ｃさんの間の道のりは１分間に 200－150＝50(m)だけちぢまるから，㋓＝600－50×(６－４)＝**500**(m)である。

Ｂさんが家を再び出発してから，ＢさんとＡさんの間の道のりは１分間に 200－100＝100(m)だけちぢまるから，ＢさんがＡさんに追いついたのは３人が同時に家を出発してから４＋(100×４)÷100＝８(分後)であり，Ｃさんが本屋を出発する前である。よって，グラフのアでＢさんがＡさんに追いつき，イでＣさんが本屋を出たとわかる。Ｃさんが本屋を出たとき，ＢさんはＡさんと一緒《いっしょ》に家から 100×11＝1100(m)のところにいるから，㋔＝1100－900＝**200**(m)である。

## ―《2024　理科　解説》―

１　問１　インゲンマメとアサガオとクリは，種子の子葉に発芽するための養分がたくわえられている。イネとトウモロコシは種子の胚乳《はいにゅう》に発芽するための養分がたくわえられている。

問２　ホウセンカとサクラは，花びらが１枚１枚離《はな》れている(離弁花《りべんか》という)。タンポポとアサガオとヒマワリは，花びらが根もとでくっついている(合弁花という)。

問３　減少した水の量は蒸散量に等しい。蒸散が起こるのはワセリンをぬっていない場所なので，Ａが葉以外(茎など)，Ｂが葉の裏側と葉以外，Ｃが葉の表側と葉以外，Ｄが葉の両面と葉以外である。よって，葉の表側からの蒸散量(Ｃ－Ａ＝1.5(㎤))は，葉の裏側からの蒸散量(Ｂ－Ａ＝3.0(㎤))の，1.5÷3.0＝0.5(倍)である。

問４　アゲハチョウの幼虫は，ミカン，レモン，サンショウなどのミカン科の若葉を食べる。

問５　こん虫の体は頭，胸，腹の３つの部分に分かれている。ダンゴムシはこん虫ではなく，エビやカニなどと同じ甲殻《こうかく》類である。

問６　(ウ)×…テントウムシは成虫で冬越《ご》しする。

2　問１　ＢＴＢ溶液《ようえき》は，酸性で黄色，中性で緑色，アルカリ性で青色を示す。Ａはにおいがある酸性の水溶液だから，うすい塩酸(イ)である。Ｂは二酸化炭素を通して白くにごったから，石灰水(カ)である。Ｃは中性の水溶液だから食塩水(オ)である。

問２　Ｂ(石灰水)はアルカリ性の水溶液だから，ＢＴＢ溶液を入れると青色に変化する。

問３　温度が同じとき，とかすことのできるミョウバンの重さは水の重さに比例する。表１より，20℃の水 100ｇにミョウバンは 12ｇまでとけるから，水の量を３倍の 300ｇにすると，ミョウバンは 12ｇの３倍の 36ｇまでとける。よって，100－36＝64(ｇ)のミョウバンがとけきれずに出てくる。

問４　40℃の水 250ｇにミョウバンは $24\times\frac{250}{100}=60$(ｇ)までとける。また，20℃の水 250－50＝200(ｇ)にミョウバンは $12\times\frac{200}{100}=24$(ｇ)までとける。よって 60－24＝36(ｇ)のミョウバンがとけきれずに出てくる。

3　問１　月も太陽と同じように，東の方角からのぼり，西の方角へしずむ。

問２　月－地球－太陽の順に一直線に並ぶとき，月は満月に見える。したがって，満月が南の空の高い位置(④の位置)に見えるのは，太陽が南の空の高い位置にある正午ごろの 12 時間(半日)後の真夜中ごろである。

問３　図２のような半月(上弦《じょうげん》の月)は，午後６時ごろに南の空の高い位置(④)に見える。

問５　砂，どろ，れきはつぶの大きさによって分けられ，大きい順にれき＞砂＞どろである。これらの混ざった土を流すと，重い(つぶの大きい)ものから先にしずむので，下から順に①れき，②砂，③どろと重なる。

4　問１　支点(ばねはかりをつけた部分)から容器までの距離《きょり》が等しいから，ＡとＢで容器の重さと入れた水の重さの和が等しくなればよい。よって，Ａに 30－10＝20(ｇ)の水を入れた。

問２　ばねはかりが示す値は，$\overset{\text{Aと水}}{30}+\overset{\text{B}}{30}=60$(ｇ)である。

問３　Ｂが棒を下に引く力がＡの重さと同じ 10ｇになっているから，ばねはかりが示す値は 10＋10＝20(ｇ)である。このとき，手がＢを支える力は 30－10＝20(ｇ)である。

問４　棒を左右にかたむけるはたらき〔(容器の重さ(ｇ)＋入れた水の重さ(ｇ))×支点からの距離(㎝)〕が等しくなると，棒は水平になる。支点からＡまでの距離が 20÷２－４＝６(㎝)，支点からＢまでの距離が 20－６＝14(㎝)である。また，Ａと水の重さの和は 10＋74＝84(ｇ)だから，棒を左にかたむけるはたらきは 84×６＝504 となる。したがって，棒を右にかたむけるはたらきも 504 だから，Ｂと水の重さの和は 504÷14＝36(ｇ)である。よって，ばねはかりが示す値は 84＋36＝120(ｇ)である。

問５　電磁石は，電流の流れる向きを逆にすると，Ｎ極とＳ極が入れかわる。なお，コイルの巻き数を増やすと磁力が大きくなり，コイルの巻き数を減らすと磁力が小さくなる。

問６　電流の大きさが大きいほど，電磁石の磁力は大きくなる(クギが多くつくようになる)。また，直列につないだ乾電池《かんでんち》が多いほど，回路に流れる電流が大きくなるので，３個の乾電池がすべて直列につながっている(イ)が正答となる。

## 《2024　社会　解説》

1　問１　あ＝山梨　い＝近畿　う＝三重　え＝中京　　山梨県は中部地方に区分されるが，国道 20 号線によって東京都と直結していることなどから，首都圏に組み込まれることもある。近畿地方に区分される三重県は，愛知県とともに中京工業地帯を形成しているため，東海３県という場合には，三重県・愛知県・岐阜県を指す場合が多い。

問2(1)　ウ　　北海道は，知床や北海道・北東北の縄文遺跡群が登録されている。東京都は，小笠原諸島や国立西洋美術館が登録されている。鹿児島県は，屋久島や奄美大島・徳之島，明治日本の産業革命遺産が登録されている。

(2)　白神山地　　白神山地はブナの原生林があることで知られる。

問3　110.74×360　　緯度1度あたりの距離が110.74㎞なのだから，地球一周はその360倍になる。

問4　③，⑤　　③戸を広くすることで，空気の入れ替えが容易にでき，暑さと湿気対策になる。⑤沖縄は，短い河川が多く，保水能力が乏しいので，飲料水を確保するために，屋根に貯水タンクを置く家が多い。

**2**　問1　家庭　　こども家庭庁は，内閣府の外局として発足した。

問2　インド　　人口抑制を課題としていた中国とインドのうち，中国は一人っ子政策によって人口増加に歯止めがかかったが，インドは積極的な政策を行わなかったため，人口が増え続けている。

問3(1)　広島　　サミットは過去に，東京，九州・沖縄，北海道洞爺湖，三重県伊勢志摩で開かれている。

(2)　①＝イギリス　②＝フランス　　イギリス，フランス，アメリカ合衆国，ドイツ，イタリア，カナダ，日本をG7と呼ぶ。

問4　イ　　よさこい祭りは高知県の祭りである。

**3**　問1　①＝徳川家康　②＝与謝野晶子　③＝歌川広重　⑤＝大隈重信　　①「服部半蔵」「茶屋四郎次郎」「三河国」などから徳川家康と判断する。本能寺の変で織田信長が討ち取られた後，家康が堺から三河まで戻ったことを「神君伊賀越え」という。②与謝野晶子は，日露戦争に出征した弟の身を案じて「君死にたまふことなかれ」を発表した。③「私は東海道にある五十三の宿場町の風景」＝「東海道五十三次」から判断する。⑤「初の政党内閣」から，大隈重信と判断する。大隈重信と板垣退助らによる内閣を隈板内閣という。

問2　1＝本能寺　2＝関ヶ原　3＝日露　4＝大仙　5＝立憲改進党　6＝板垣退助　7＝板付　　1．本能寺の変で織田信長を討ち取った明智光秀は，中国地方から戻った豊臣秀吉に山崎の戦いで敗れ，敗走中に命を落としたといわれている。2．徳川家康を中心とした東軍と石田三成を中心とした西軍が岐阜県の関ヶ原で戦った。
3．日露戦争は，1904年に起き，1905年のポーツマス条約で終結した。5．初の本格的な政党内閣を組んだ原敬と間違わないようにする。7．福岡県の板付遺跡は，佐賀県の菜畑遺跡とともに，水田耕作が確認できた縄文時代晩期から弥生時代にかけての遺跡である。

問3　イ　　板付遺跡は，縄文時代晩期から弥生時代にかけての複合遺跡であるが，「石包丁」「木製農具」を使って栽培することから，稲作が広まった弥生時代と判断する。

**4**　問1(1)　平和主義　　平和主義・国民主権・基本的人権の尊重の3つを日本国憲法の三大基本原理という。

(2)　ア　　イ．誤り。日本国の象徴は，国民ではなく天皇である。ウ．誤り。国民の三大義務は，働くこと，税金を納めること，子どもに普通教育を受けさせることである。

問2　ウ→ア→イ　　ウ．1946年→ア．1951年→イ．1956年

問3　イ　　都道府県知事や市区町村長などは，その地域に住む18歳以上の住民に選挙権がある。

問4　ア　　イ．誤り。内閣は立法機関ではなく行政機関である。ウ．誤り。内閣総理大臣を含む国会議員は，国民の選挙で選ばれるが，国務大臣は必ずしも国会議員である必要はなく，内閣総理大臣によって選ばれる。

問5　ア　　裁判員制度は，2009年から実施された。

# 2023 解答例 令和5年度　近畿大学附属広島中学校福山校

## 《国　語》

一　問一．①ひか　②ことわ　③りゃくしき　④ようりょう　　問二．①算出　②恩人　③格別　④招集　⑤肥料　⑥余計

二　問一．X．夏野　Y．石一つ　　問二．エ　　問三．イ　　問四．句に描かれた風景を脳裏に思い浮かべてみること　　問五．A．エ　B．ア　　問六．⑴おそらく　⑵ウ　　問七．最初の句は雪の深さを何度も尋ねてしまう気持ちが感動の中心だが、後の句は何度も確かめたくなる雪の深さが感動の中心になった。

三　問一．ⓐア　ⓑエ　ⓒイ　　問二．A．ウ　B．イ　C．エ　D．ア　　問三．自問　　問四．制限時間以内に、互いに相談せず、指定の題を入れて、二人が上の句と下の句を分担して一つの歌を作る　　問五．⑴引きこもっていたという声に、綾美が動揺したから。／桃子の書いた上の句が、続けにくいものだったから。　⑵Ⅰ．素敵　Ⅱ．自分の言葉　Ⅲ．納得できる下の句

## 《算　数》

〔1〕⑴67　⑵1221　⑶$\frac{8}{21}$　⑷91　⑸$\frac{3}{16}$　⑹$\frac{3}{8}$　⑺0　⑻$\frac{1}{2}$

〔2〕⑴48　⑵500　⑶468　⑷24　⑸75　⑹154

〔3〕(あ)$4\frac{1}{16}$　(い)32　(う)16　(え)8

〔4〕⑴6　⑵4　⑶10

〔5〕⑴9　⑵15　※⑶$4\frac{2}{7}$

※の途中の式などは解説を参照してください。

## 《理　科》

1　問1．ア　　問2．エ　　問3．ウ　　問4．ア，イ　　問5．ウ　　問6．(自分の)卵のから　　問7．12

2　問1．A．酸　E．中　　問2．B．アンモニア水　D．水酸化ナトリウム水溶液　問3．記号…C　種類…塩酸　　問4．エ　　問5．イ

3　問1．イ　　問2．イ　　問3．温泉〔別解〕地熱発電　　問4．わし座　　問5．ウ　　問6．北極星

4　問1．直列　　問2．もっとも明るい回路…イ　もっとも暗い回路…エ　　問3．2　　問4．400　　問5．64

## 《社　会》

1　問1．⑴ウ　⑵イ　　問2．ウ　　問3．ウ　　問4．⑴瀬戸内海は波が穏やかであるから。　⑵広島県は年間を通して降水量が少ないから。　　問5．8，6　　問6．(あ)姫路　(い)近畿　(う)厳島

2　問1．ア　　問2．ア　　問3．18　　問4．ハザードマップ

3　問1．(あ)藤原道長　(い)吉野ヶ里　(う)足利義満　(え)応仁の乱　(お)浮世絵　(か)杉田玄白　(き)本居宣長　問2．イ　　問3．石包丁　　問4．土偶　　問5．ウ　　問6．エ　　問7．ウ

4　問1．ウ　　問2．ウ　　問3．イ　　問4．イ　　問5．エ　　問6．イ　　問7．ア

## 《2023 国語 解説》

二 問一Ｘ　Ａは、夏野で休憩《きゅうけい》しているという読みなので、「いこふ」は「夏野」を修飾《しゅうしょく》している。　Ｙ　Ｂは、一つの石で休憩しているという読みなので、「いこふ」は「石一つ」を修飾している。

問二　エの「に」は、場所を表す助詞なので、「夏野」という場所に「石一つ」があることをはっきりと表すことができる。

問三　(イ)の次の行に「風景を描《えが》く」とある。これは、ぬけている一文の「風景を切り取った文学」という部分を受けていると考えられる。また、ぬけている一文の最初にある「つまり」は、前に書かれた内容を言いかえる言葉である。(イ)の直前にある「俳句《はいく》は写真や絵画に近い」という部分を言いかえると、ぬけている一文のような内容になる。よって、(イ)が適する。

問四　――線①が直接指示している部分は、前の行の「描かれた風景を脳裏《のうり》に再現すること」である。ただし、この部分は字数指定と合わないので、同様の内容を表す「句に描かれた風景を脳裏に思い浮《う》かべてみること」という部分をぬき出す。

問五Ａ　直後の１文に「Ａの読みだとすると、この石はさほど大きな石でなくてもよいわけですから、作者自身が夏野の中に休んでいて、そのすぐ脇《わき》に一つの石を発見したという風景になります」とある。よって、夏野の中で石の近くであるエが適する。　Ｂ　少し後に「Ｂの読みだとすると、作者は少し離《はな》れたところから夏野道に置かれた大きな石を見ている～旅人たちを遠く眺《なが》めているという風景です」とある。作者は夏野から離れたところにいるので、アかイにしぼられる。イでは遠すぎて、石や旅人がよく見えないと思われるので、アが適する。

問六(1)　――線③の問いに対して筆者が推測した「答え」は、「真っ暗な闇の中へすうっと音も立てずに消えていった」というもの。この「答え」がふくまれる一文の最初に「おそらく」とある。　(2)　窓の外は「真っ暗な闇」で何も見えないので、音という手がかりが得られなければ、外の闇はかなり先まで続いているように感じられる。よって、ウが適する。

問七　切字《きれじ》の「かな」と「けり」の違《ちが》いを説明した部分に、「名詞に感動の中心がある場合は『かな』を、動詞に感動の中心がある場合は『けり』を用いる」とある。したがって、「たづねけり」を「深さかな」に変えると、「たづね」るという動詞から「深さ」という名詞に感動の中心が移るのである。

三 問三　自問自答とは、自分に問いかけて、自分で答えること。

問四　本文の一行目の内容から、指定の題を入れることがわかる。「下の句を作る綾美《あやみ》に」や「上の句の女子生徒に続き、下の句を男子が書き綴《つづ》っている」などから、二人で上の句と下の句を分担して一つの歌を作ることがわかる。「話しかけた時点で失格だ」とあることから、互いに相談することはできないことがわかる。補助員の女子生徒が「あと一分です」と言っていることなどから、制限時間があることがわかる。

問五(1)　綾美がホワイトボードに何かを書き付け、すぐに消してしまったのを見て、桃子は、「さっきの声に動揺《どうよう》してしまったのか。いやそれ以前に、私の上の句が続けづらかったのかも」と考えている。　(2)　星見台《ほしみだい》公園の芝生《しばふ》の上に寝転《ねころ》がっている場面で、綾美は「今日大会で、桃子があんなに素敵な上の句を詠んでくれて……私、絶対に自分で納得できる下の句を付けたかったの」と言っている。さらに続けて、「自分の言葉で下の句を続けたかった」と言っている。ここから、大会でホワイトボードの前に立っていた時、綾美が考えていたことが読み取れる。

## 《2023　算数　解説》

〔１〕

⑶　与式$=\frac{2}{7}\times\frac{4}{3}=\mathbf{\frac{8}{21}}$

⑷　与式＝21＋70＝**91**

⑸　与式$=\frac{625}{1000}\times\frac{1}{2}\div\frac{5}{3}=\frac{5}{8}\times\frac{1}{2}\times\frac{3}{5}=\mathbf{\frac{3}{16}}$

⑹　与式$=\frac{7}{16}\times(\frac{13}{21}-\frac{7}{21})+\frac{1}{4}=\frac{7}{16}\times\frac{6}{21}+\frac{1}{4}=\frac{1}{8}+\frac{2}{8}=\mathbf{\frac{3}{8}}$

⑺　与式$=16.2\times2\times\frac{1}{7}+16.2\times4\times\frac{1}{14}-16.2\times\frac{4}{7}=16.2\times(\frac{2}{7}+\frac{2}{7}-\frac{4}{7})=16.2\times0=\mathbf{0}$

⑻　与式$=\frac{1}{6}+\frac{16}{25}\times(\frac{1}{4}-\frac{1}{12})\div\frac{32}{100}=\frac{1}{6}+\frac{16}{25}\times(\frac{3}{12}-\frac{1}{12})\times\frac{100}{32}=\frac{1}{6}+\frac{16}{25}\times\frac{1}{6}\times\frac{25}{8}=\frac{1}{6}+\frac{1}{3}=\frac{1}{6}+\frac{2}{6}=\frac{3}{6}=\mathbf{\frac{1}{2}}$

〔２〕

⑴　**【解き方】余りは割る数より小さくなる。**

商と余りが同じになる整数だから，余りを６としたとき，最も大きい整数となる。

よって，求める整数は，７×６＋６＝**48**

⑵　**【解き方】初めてＡ君がＢ君に追いついたとき，Ａ君はＢ君より池の１周分だけ長く歩いているから，このときまでの２人の歩いた道のりの差を求める。**

30 分後＝(30÷60)時間後$=\frac{1}{2}$時間後，Ａ君は$5\times\frac{1}{2}=2.5$(km)，Ｂ君は$4\times\frac{1}{2}=2$(km)歩いている。よって，求める道のりは，(2.5－２)×1000＝**500**(m)

⑶　定価は$400\times(1+\frac{30}{100})=520$(円)だから，その 10%引きは$520\times(1-\frac{10}{100})=$**468**(円)である。

⑷　**【解き方】全体の仕事の量を 15 と 10 と８の最小公倍数である 120 とする。**

ＡさんとＢさんの２人で取り組むと１日あたり 120÷15＝８の仕事をする。はじめの 10 日間で８×10＝80 の仕事をしたから，残った仕事は 120－80＝40 となる。Ａさんだけで８日間で 40 の仕事をしたから，Ａさんの１日あたりにする仕事の量は 40÷８＝５である。よって，Ａさん１人でこの仕事に取り組むと，120÷５＝**24**(日間)かかる。

⑸　**【解き方】右図のように記号をおく。三角形ＡＢＰと三角形ＣＢＰが合同になることに気づきたい。**

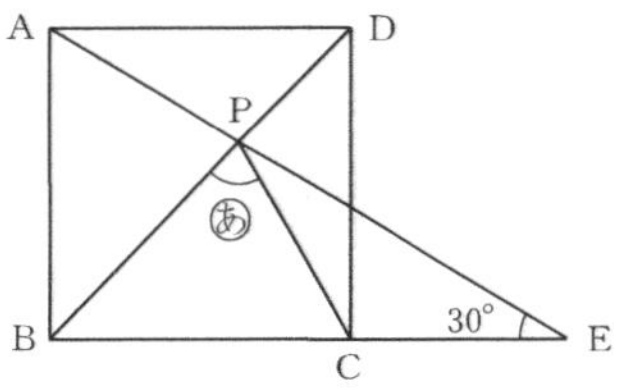


四角形ＡＢＣＤは正方形だからＡＢ＝ＣＢ，ＢＤは正方形の対角線だから角ＡＢＰ＝角ＣＢＰ＝45°，ＢＰは共通な辺だからＢＰ＝ＢＰ

したがって，三角形ＡＢＰと三角形ＣＢＰは合同だから，㋐＝角ＢＰＡ

三角形ＡＢＥの内角の和より，角ＢＡＥ＝180°－90°－30°＝60°だから，角ＢＡＰ＝60°

三角形ＡＢＰの内角の和より，角ＢＰＡ＝180°－45°－60°＝75°だから，㋐＝**75°**である。

⑹　**【解き方】７人の生徒について，それぞれの身長から 145 cmを引いた値の平均を求め，その値に 145 cmを足した身長を求める。**

それぞれの身長から 145 cmを引いた値の平均は(３＋13＋９＋１＋０＋22＋15)÷７＝９(cm)だから，７人の身長の平均は，145＋９＝**154**(cm)

〔３〕

**【解き方】グループごとに区切ると，$\frac{1}{2}\mid\frac{1}{4},\frac{3}{4}\mid\frac{1}{8},\frac{3}{8},\frac{5}{8},\frac{7}{8}\mid\frac{1}{16},\frac{3}{16},\frac{5}{16},\cdots,\frac{15}{16}\mid\frac{1}{32},\cdots$ となる。グループの分母は２，４，８，16，32，…のように１つ前のグループの２倍になるようにならび，分子は各グループ内で１，３，５，…のように奇数が分母の数字をこえない最大の値までならぶ。**

⑴　$\frac{1}{2}+(\frac{1}{4}+\frac{3}{4})+(\frac{1}{8}+\frac{3}{8}+\frac{5}{8}+\frac{7}{8})+(\frac{1}{16}+\frac{3}{16}+\frac{5}{16})=\frac{1}{2}+\frac{4}{4}+\frac{16}{8}+\frac{9}{16}=\frac{8+16+32+9}{16}=\frac{65}{16}=\mathbf{4\frac{1}{16}}$

⑵　分母が **32** である。分子は 32 をこえない奇数が 32÷２＝16(個)あるから，分数は **16** 個ならぶ。

⑶　**【解き方】１からｍまでの同じ割合で増えるｎ個の整数の和は，$\frac{(m+1)\times n}{2}$で求められることを利用する。**

グループ内の分母は同じだから，分子の和を計算する。分子の最大の数は 31 なので，１から 31 までの連続する奇数の列を２つ使って右のような筆算が書けるから，１から 31 までの連続する奇数の和は，$\frac{32\times 16}{2}$＝256

　　１＋３＋５＋……＋31
＋)　31＋29＋27＋……＋１
　　32＋32＋32＋……＋32

よって，第５グループにある分数をすべてたすと，$\frac{256}{32}$＝**８**になる。

〔４〕

⑴　ＡＮ＝ＪＫで，ともに 12÷２＝６(㎝)だとＭＬとＩＪをとることができない。よって，ＡＮの長さは**６㎝よりも小さく**する必要がある。

⑵　ＭＬ＝ＩＪだから，ＡＮ＝ＪＫ＝２㎝のとき，ＭＬ＝(12－２×２)÷２＝**４**(㎝)

⑶　⑵で組み立てた直方体は，たて 12－２×２＝８(㎝)，横４㎝，高さ２㎝の直方体だから，体積は８×４×２＝64(㎤)である。ＡＮの長さを３㎝になるように四すみを切り取って作った直方体は，たて 12－３×２＝６(㎝)，横(12－３×２)÷２＝３(㎝)，高さ３㎝の直方体だから，体積は６×３×３＝54(㎤)である。よって，64－54＝**10**(㎤)大きい。

〔５〕

⑴　**【解き方】グラフより，仕切りのとびらを開けたのは水を入れ始めてから 36 秒後とわかる。**

36 秒間で３×36＝108(㎤)の水を入れ，水面の高さが 12 ㎝になった。よって，求める底面積は，108÷12＝**９**(㎠)

⑵　**【解き方】水は容器から出ないので，水を入れ始めてから 64 秒後に(あ)の部分と(い)の部分に合計で３×64＝192(㎤)の水が入ったことになる。**

水を入れ始めてから 64 秒後，(あ)の部分に９×８＝72(㎤)入ったから，(い)の部分に 192－72＝120(㎤)入ったことになる。(い)の部分に入った水の水面の高さは８㎝だから，求める底面積は，120÷８＝**15**(㎠)

⑶　⑵をふまえる。64－36＝28(秒間)に 120 ㎤の水が移動したから，求める割合は，毎秒(120÷28)㎤＝毎秒$\frac{30}{7}$㎤＝毎秒**$4\frac{2}{7}$**㎤

## 《2023　理科　解説》

１　**問１**　図１の左側の花はお花，右側の花はめ花である。お花ではおしべの先にあるやく(ア)で花粉がつくられ，その花粉がめ花のめしべの先の柱頭(ウ)につくと受粉し，子房《しぼう》(エ)が実になる。

**問３**　顕微鏡《けんびきょう》では，上下左右が反対に見えるので，左下に見えるものを視野の中央に移動させるときは，プレパラートを左下に動かす。

**問４**　め花が開花すると，花粉がつくことがあるので，花粉のはたらきを調べるときは，め花が開花する前にふくろをかけ，一方のめ花に花粉をつけ，再びふくろをかける。

**問７**　カブトムシの触角《しょっかく》は２本，はねは４枚，足は６本だから，２＋４＋６＝12 である。

２　**問１**　酸性の水溶液《すいようえき》は青色リトマス紙を赤色に変え，アルカリ性の水溶液は赤色リトマス紙を青色に変えるので，実験１より，ＡとＣは酸性である。また，ＢＴＢ溶液は酸性で黄色，中性で緑色，アルカリ性で青色を示すので，実験２より，Ｅは中性である。

**問２**　問１解説より，Ｅは中性の食塩水で，ＡとＣは酸性の炭酸水か塩酸である。炭酸水は石灰水に入れると白くにごるので，実験３より，Ｃは塩酸，Ａは炭酸水である。また，実験４より，水を蒸発させると固体が残ったＤは固体がとけている水酸化ナトリウム水溶液だから，Ｂはアンモニア水である。

問３　アルミニウムは強い酸性と強いアルカリ性の水溶液の両方にとけて，水素が発生する。A(炭酸水)は弱い酸性，C(塩酸)は強い酸性，E(食塩水)は中性だから，Cが正答となる。

問４　上皿てんびんを運ぶときは両手で持つ。皿を両方にのせておくと左右にふれ続けてすり減るので，皿は片方にのせておく。

問５　上皿てんびんを使ってものの重さをはかるときは，利きうで側の皿に分銅をのせる。分銅は重いものからのせていき，少しずつ軽いものに変えていく。

3　問１　れき(直径２㎜以上)，砂(直径 0.06 ㎜～２㎜)，どろ(直径 0.06 ㎜以下)は粒《つぶ》の大きさで区別する。流れのないところでさまざまな大きさの粒をしずめると，大きい粒の方が重いので先にしずみやすい。

問２　サンゴの化石が見つかった地層は，あたたかくて浅い海でたい積したと考えることができる。

問５　オリオン座には，２つの１等星がある。Aはベテルギウス，Bはリゲルである。なお，アルタイルはわし座，デネブは白鳥座の１等星である。

問６　図ｉのように，カシオペヤ座やほくと七星から北極星の位置がわかる。

図ｉ

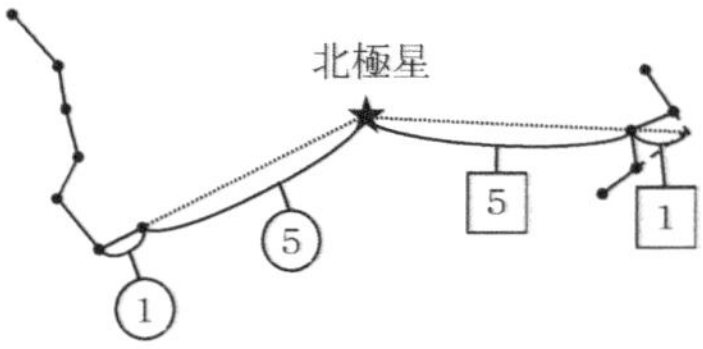


4　問１　(イ)は電池が直列つなぎ，(ウ)は電池が並列つなぎ，(エ)は豆電球が直列つなぎ，電池が並列つなぎである。

問２　電池を２個，直列につなぐと，電池が１個のときよりも豆電球は明るくなるが，電池を２個，並列にいくつつないでも，豆電球の明るさは電池が１個のときと変わらない。また，豆電球を２個，直列につなぐと，豆電球が１個のときよりも暗くなる。よって，豆電球は(イ)が最も明るく，(ア)と(ウ)が同じ明るさで，(エ)が最も暗い。

問３　表１より，ふりこの長さを 25 ㎝の４倍の 100 ㎝または 50 ㎝の４倍の 200 ㎝にすると，10 往復する時間はいずれも２倍になるので，１往復にかかる時間も２倍になる。

問４　１往復する時間が４秒のふりこが 10 往復する時間は 40 秒である。これは，長さが 100 ㎝のふりこが 10 往復する時間(20 秒)の２倍だから，ふりこの長さは 100 ㎝の４倍の 400 ㎝である。

問５　ふりこ②が 10 往復する時間は $8\times\frac{10}{5}=16$(秒)だから，②が 10 往復する時間は①の２倍である。よって，②のふりこの長さは①の４倍の 16×４＝64(㎝)となる。

## 《2023　社会　解説》

1　問１⑴　ウ　　右表を参照。令和３(2021)年に，「奄美大島，徳之島，沖縄島北部及び西表島」が世界自然遺産，「北海道・北東北の縄文遺跡群」が世界文化遺産に登録されたことで総数は 25 になった。　⑵　イ　　イは福島県の説明であり，福島県には世界遺産がない。アは東京都(小笠原諸島，国立西洋美術館)，ウは静岡県(富士山，韮山反射炉)である。

| 地方 | 世界自然遺産 | 世界文化遺産(略称) |
|---|---|---|
| 北海道 | 知床 | (北海道・北東北の縄文遺跡群) |
| 東北 | 白神山地 | 平泉<br>(明治日本の産業革命遺産)<br>北海道・北東北の縄文遺跡群 |
| 関東 | 小笠原諸島 | 日光の社寺<br>富岡製糸場<br>国立西洋美術館 |
| 中部 | | 白川郷・五箇山の合掌造り集落<br>富士山<br>(明治日本の産業革命遺産) |
| 近畿 | | 法隆寺地域の仏教建造物<br>姫路城<br>古都京都の文化財<br>古都奈良の文化財<br>紀伊山地の霊場と参詣道<br>百舌鳥・古市古墳群 |
| 中国<br>四国 | | 原爆ドーム<br>厳島神社<br>石見銀山 |
| 九州 | 屋久島<br>奄美大島，徳之島，沖縄島北部及び西表島 | 琉球王国のグスク<br>明治日本の産業革命遺産<br>『神宿る島』宗像・沖ノ島と関連遺産群<br>長崎と天草地方の潜伏キリシタン関連遺産 |

問２　ウ　　バチカン市国の大きさは約 0.44 ㎢であり，東京ディズニーランドより小さい。ア．竹島は日本海にある島だから誤っている。イ．日本の海岸線の長さは約 35000 ㎞(世界第６位)で，オーストラリアの海岸線の長さは約 26000 ㎞(世界第７位)だから誤っている。

問３　ウ　　南部鉄器は岩手県，西陣織は京都府の伝統的工芸品だから誤っている。

問４⑴　養殖には，比較的波がおだやかで，海水温の変化が少ない場所が適している。　(2)　夏と冬の季節風が，四国山地や中国山地をこえるときに雨や雪を降らせ，乾燥した風が吹き込むために，瀬戸内地方は1年を通じて雨が少ない。

**問5**　8月6日　　1945年8月6日午前8時15分に広島に，同年8月9日午前11時2分に長崎に原子爆弾が投下され，多くの犠牲者が出た。

**問6**　あ＝姫路　い＝近畿　う＝厳島　　右表を参照。

**2**　**問1**　ア　　ブラジルやインドネシアは赤道直下にあるが，沖縄県の緯度はおよそ北緯24度～28度である。

**問2**　ア　　貨物輸送は，自動車＞船舶＞鉄道＞航空の順に輸送量が多い。

**問3**　18　　成人年齢は20歳から18歳に引き下げられた。また，2023年1月から裁判員に選ばれる年齢も，20歳から18歳に引き下げられた。

**問4**　ハザードマップ　　災害の種類によってさまざまなハザードマップがつくられる。

**3**　**問2**　イ　　中尊寺には，浄土信仰を反映した金色堂がある。

**問3**　石包丁　　石包丁は，弥生時代に稲の穂先をかり取るために使われた。

**問4**　土偶　　子孫の繁栄や豊作を祈るために女性をかたどった土偶がつくられたと考えられている。

**問5**　ウ　　束帯・十二単などから平安時代と判断する。

**問6**　エ　阪神淡路大震災は平成7年1月17日，東日本大震災は平成23年3月11日に発生した。

**問7**　ウ　　D（縄文時代）→B（弥生時代）→A（平安時代）→C（室町時代）→F（江戸時代）→E（平成時代）

**4**　**問1**　ウ　　日本国憲法は，衆議院と参議院の各議院の総議員の3分の2以上の賛成をもって憲法改正の発議が行われ，国民投票で有効投票の過半数の賛成を得られれば改正することができる。しかし，今までに改正されたことはない。

**問2**　ウ　　外国と条約を結ぶことは，内閣の権限である。

**問3**　イ　　日本国憲法第41条の内容である。ア．助言と承認は内閣が天皇の国事行為に対して行うものである。また，弾劾裁判所は国会内に設置される。ウ．兄弟や親子で国会議員になることもよくある。

**問4**　イ　　内閣総理大臣の指名については，衆議院と参議院で異なる人物が指名され，両院協議会を開いても意見が一致しない場合は，衆議院の優越によって衆議院の議決が国会の議決となる。ア．内閣総理大臣は，国務大臣を任命することも辞めさせることもできる。ウ．閣議には，内閣総理大臣と国務大臣が参加する。

**問5**　エ　　法務省は，法の整備・刑務所の運用・外国人の出入国管理・家や土地，会社の登記などを担う。厚生労働省は，社会福祉・社会保障・公衆衛生の向上と増進・働く環境の整備・職業の安定・人材の育成などを担う。経済産業省は，経済及び産業の発展・資源の供給に関する行政などを担う。

**問6**　イ　　裁判員裁判では，被疑者の有罪・無罪を審議し，有罪とした場合にはその量刑まで審議する。

**問7**　ア　　2020年の65歳以上の割合は28.8%，2021年の65歳以上の割合は29.1%と3割は超えていない。

**2022 解答例** 令和４年度

# 近畿大学附属広島中学校福山校

## 《国　語》

一 問一．①おうねん　②きんせい　③さいし　④しょうち　　問二．①義務　②復元　③効果　④際限　⑤似顔　⑥営

二 問一．A．エ　B．ア　C．ウ　　問二．イ　　問三．㋐ア　㋑エ　　問四．ウ　　問五．Ⅰ．社会の変化　Ⅱ．受け身かつ家庭的　Ⅲ．人はそれぞれのやり方で、幸せになればいい　　問六．様々な人と交流することで、特定の考え方にしばられずに、ピンチを乗り越える答えを自分で見つけ出すプリンセス。

三 問一．ⓐイ　ⓑエ　　問二．A．ウ　B．イ　C．エ　D．ア　　問三．Ⅰ．ア　Ⅱ．ウ　Ⅲ．エ　Ⅳ．イ　問四．自分の名前の由来を調べるため。　　問五．ウ　　問六．エ　　問七．流れる水のように、どんなことがあっても動き続ける人でいてほしいという願い。

## 《算　数》

〔１〕(1)15　　(2)428571　　(3)27　　(4)$\frac{13}{33}$　　(5)9.375　　(6)$\frac{7}{18}$　　(7)36　　(8)$\frac{8}{9}$

〔２〕(1)17500　　(2)9.6　　(3)1002　　(4)131.88　　(5)30　　(6)15　　(7)10

〔３〕(1)66　　(2)54　　(3)49.5

〔４〕(1)25　　(2)341　　※(3)45，86

〔５〕(1)1750　　(2)ア．7　イ．8　ウ．650　　※(3)追いつけない

※の途中の考え方は解説を参照してください。

## 《理　科》

1 問１．蒸散　　問２．ア　　問３．0.25　　問４．解ぼうばさみの先…とがった方　最初に切る場所…D　問５．解ぼうばさみの先…丸い方　理由…内臓を傷つけないようにするため。　　問６．エ

2 問１．牛乳…すき通っていないから。　泥水…つぶが見えるから。　　問２．32　　問３．23　　問４．イ，エ　問５．ア，オ，カ　　問６．白くにごる

3 問１．エ　　問２．イ　　問３．ふん火　　問４．ウ　　問５．台風　　問６．ウ

4 問１．80　　問２．100　　問３．40　　問４．最小の重さ…5　最大の重さ…215

## 《社　会》

1 問１．イ　　問２．近海に潮目や大陸だながあり，魚の種類が豊富だから。　　問３．イ　　問４．イ

2 問１．核兵器　　問２．(1)鹿児島／沖縄　(2)ア）小笠原　イ）5　(3)ア　　問３．(1)ア）2　イ）43　(2)言語がわからなくても，意味を理解できること。　(3)ウ

3 問１．A．源頼朝　B．津田梅子　C．バイデン　D．雪舟　E．徳川家康　　問２．1）地頭　2）イギリス　問３．(1)ア　(2)イ　(3)ペリー　(4)水墨画　(5)関ヶ原

4 問１．(1)イ　(2)勤労　　問２．ウ　　問３．(1)ウ　(2)最高裁判所　　問４．三権分立

## 《2022 国語 解説》

二 問二 「高嶺《たかね》の花《はな》」は、(高い嶺《みね》に咲《さ》いている花のように)遠くから眺《なが》めるだけで、自分のものにはできないもののたとえ。今までのプリンセスは、手の届かない存在だったことをたとえている。 ア.「虎《とら》の子《こ》」…大切にして手もとから離《はな》さないもの。大事にしまってある金品。 ウ.「竹馬《ちくば》の友《とも》」…おさななじみ。竹馬に乗っていっしょに遊んだころからの友だち。 エ.「水《みず》の泡《あわ》」…はかなく消えるもののたとえ。

問三あ あの直前の「受け身かつ家庭的な存在で美人でもある～男と女の役割がしっかりと分けられ、強調されていた」プリンセスの具体例が、アの「白雪姫」。「持ち前の美貌《びぼう》と、家事の能力によって、七人の小人のハートをわしづかみにする」という説明が、あの直前の内容と対応している。 い いの直前の「受け身な存在」ではなく「自分というものをしっかり持ち、積極的に冒険《ぼうけん》にも出かけていく」プリンセスの具体例が、エの『リトル・マーメイド』の「アリエル」。「海の上の世界に憧《あこが》れて家出をする」がいの直前の内容と合う。

問四 ――線①は、「『(テレビを)となりで見ていろ』『わからないことは解説しろ』」という娘《むすめ》の要望に従っているということだから、ウが適する。 ア.本文に「他の用事を済ませたくもあるのだが」とあるので、「用事を～済ませてから」が適さない。 イ.わからないことを「解説」してほしいと言われているので、「不思議に思ったことを～話し合っている」は適さない。 エ.要望に従っていることの説明になっていないので適さない。

問五 ――線②以降に、年齢《ねんれい》設定以外で、ソフィアが王子様に恋をしない理由が書かれている。それは「視聴者《しちょうしゃ》にも、多様な人たちがいる」といった「社会の変化」をディズニーが敏感《びんかん》に感じ取っているから。1930年代から50年代の作品では「どのプリンセスも、受け身かつ家庭的な存在」で王子様と結ばれるというストーリーであったが、『アラジン』のプリンセス、ジャスミンは、決められた結婚をいやがり、「人はそれぞれのやり方で、幸せになればいい。もっと広い世界を、この目で見たいのだ」と考えている。

問六 最後の3段落に書かれている、ソフィアの問題解決のしかたをまとめる。特に「ソフィアは、歴代のプリンセスたちと語り合ううちに、自分の力で答えを見つけるのである」「相手を尊重し、距離《きょり》感を保ちつつも、寄り添《そ》いながら、ともに考える」という部分をふまえてまとめると良い。

三 問三Ⅲ 「腰が引ける」は、自信がなかったり恐れたりして、積極的に振《ふ》るまうことができない様。

Ⅳ 「肩《かた》をすくめる」は、やれやれという気持ちや落胆《らくたん》した気持ちを表す。

問四 「『自分の名前の由来を調べる』という宿題」(本文1行目)が出たのに、母は答えないし、祖母に聞いてもよくわからなかったので、離《はな》れて暮らす父の職場に聞きに行ったのである。

問五 「流」がよくない意味で用いられているものを選ぶ。ウの「流言《りゅうげん》」は根拠のないうわさ。「流言飛語《ひご》」で、根拠《こんきょ》がないのに言いふらされる無責任なうわさ、デマという意味。

問六 ――線①の後を参照。清澄《きよすみ》が父を訪ねて行った時の黒田《くろだ》さんについては、「にこりともしなかった。子ども相手に愛嬌《あいきょう》を振《ふ》りまくような人ではない」とある。しかし、黒田さんは翌日《よくじつ》家まで来て、父に聞いた名前の由来を読んでくれた。その時、清澄は、黒田さんが「怒っているわけではなくて、どうやら感極《かんきわ》まっているらしい」と「潤《うる》んだ目を見て気づいた」。黒田さんは、愛想はないが、名前の由来に感動して涙《なみだ》ぐんでしまうような、「実は情にもろい人」なのである。よってエが適する。

問七 清澄の名前の由来についての「流れる水は、けっして淀《よど》まない。常に動き続けている～これから生きていくあいだに～恥《はじ》をかくこともあるだろうけど、それでも動き続けてほしい。流れる水であってください」という部分からまとめる。

## ―《2022　算数　解説》

〔１〕

⑶　与式＝36－９＝27

⑷　与式＝$\frac{11}{33}-\frac{1}{33}+\frac{3}{33}=\frac{13}{33}$

⑸　与式＝2.5÷0.4×1.5＝6.25×1.5＝9.375

⑹　与式＝$\frac{2}{3}-\frac{5}{2}\times\frac{1}{9}=\frac{12}{18}-\frac{5}{18}=\frac{7}{18}$

⑺　与式＝0.36×47＋0.36×40＋0.36×13＝0.36×(47＋40＋13)＝0.36×100＝36

⑻　与式＝$(\frac{2}{5}+\frac{1}{5})\times\frac{8}{3}\div(\frac{53}{10}-\frac{35}{10})=\frac{3}{5}\times\frac{8}{3}\div\frac{18}{10}=\frac{3}{5}\times\frac{8}{3}\times\frac{5}{9}=\frac{8}{9}$

〔２〕

⑴　兄と弟の合計金額と兄の金額の比は(７＋３)：７＝10：７だから，兄の金額は，$25000\times\frac{7}{10}=17500$(円)

⑵　**【解き方】A町とB町の間の道のりを，12と８の最小公倍数である㉔kmとして，往復でかかった時間を求める。**

行きにかかった時間は㉔÷12＝②(時間)，帰りにかかった時間は㉔÷８＝③(時間)だから，往復でかかった時間は，②＋③＝⑤(時間)

往復の道のりは㉔×２＝㊽(km)だから，求める速さは，時速(㊽÷⑤)km＝時速9.6km

速さの数字だけの平均で，(12＋８)÷２＝10で時速10kmとするのは間違い。

⑶　**【解き方】まず，13で割って余りが１，５で割って余りが２である最小の数を求める。**

**その数に13と５の最小公倍数である65の倍数を足していき，1000にもっとも近い数を探す。**

13で割って余りが１となる数は，１，14，27，40，…であり，そのうち，５で割って余りが２となる最小の数は，27である。27は1000より1000－27＝973小さいから，973÷65＝14余り63より，1000に近い数を探すと，27＋65×14＝937，27＋65×15＝1002が見つかる。したがって，もっとも近い数は，1002である。

⑷　正六角形の１つの内角の大きさは，180°×(６－２)÷６＝120°

よって，求める面積は，半径が６cm，中心角が360°－120°＝240°のおうぎ形の面積１つと，半径が６÷２＝３(cm)，中心角が240°のおうぎ形の面積３つの和だから，$6\times6\times3.14\times\frac{240°}{360°}+3\times3\times3.14\times\frac{240°}{360°}\times3=$
24×3.14＋18×3.14＝(24＋18)×3.14＝131.88(cm²)

⑸　**【解き方】食塩水の問題は，うでの長さを濃度《のうど》，おもりを食塩水の重さとしたてんびん図で考えて，うでの長さの比とおもりの重さの比がたがいに逆比になることを利用する。食塩は濃度100％として考える。**

ａ：ｂ＝(10－５)：(100－10)＝１：18より，５％の食塩水と加えた食塩の量の比は18：１だから，食塩は，$540\times\frac{1}{18}=30$(ｇ)加えた。

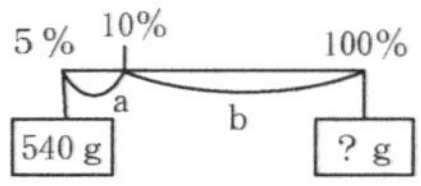


⑹　**【解き方】全体の仕事量を40と24の最小公倍数である120として，ＡさんとＢさんの１分あたりの仕事量を考える。**

１分あたりの仕事量は，Ａさんが120÷40＝３，Ｂさんが120÷24＝５である。

よって，かかる時間は，120÷(３＋５)＝15(分)

⑺　それぞれのマスは，どんな数字を表すかを考える。色がついたマスの表す数を足した数が決められた数と考えられる。下から１番目を１，２番目を２とすると，それらを足した数は３であり，４は，下から１番目と２番目のマスだけでは表せないから３番目を４とする。同様に，１＋２＋４＝７より１大きい８は

下から４番目，…のように考えていくと，それぞれのマスは，右図のような数字を表すことがわかる。アには２と８の部分に色がついているので，ア＝２＋８＝10

| |
|---|
| 16 |
| 8 |
| 4 |
| 2 |
| 1 |

〔３〕

⑴　円グラフから各学年の割合をまとめると，右表のようになる。

| １年生 | ２年生 | ３年生 | ４年生 | ５年生 | ６年生 |
|---|---|---|---|---|---|
| ８％ | 11％ | 15％ | 14％ | 34％ | 18％ |

よって，４，５，６年生の割合の合計は，14＋34＋18＝66(％)

⑵　３年生は全体の15％だから，求める角度は，$360° \times \frac{15}{100} = 54°$

⑶　１・２年生の割合の合計は８＋11＝19(％)，５・６年生の割合の合計は34＋18＝52(％)だから，割合の差は，52－19＝33(％)である。よって，帯の長さのちがいは，$150 \times \frac{33}{100} = 49.5$(cm)

〔４〕

**【解き方】各グループの最後の数は左から順に，１，４＝２×２，９＝３×３，16＝４×４，…であり，１番目を除くグループの最初の数は，前のグループの最後の数より１大きい数である。**

⑴　求める数は，５×５＝25

⑵　左から６番目のグループの最初の数は25＋１＝26，最後の数は６×６＝36だから，求める数は，26から36までの連続する整数の和である。26から36までの36－26＋１＝11(個)の連続する整数の和の２倍は，右の筆算より，62×11となるから，26から36までの連続する整数の和は，$\frac{62 \times 11}{2} = 341$

$$\begin{array}{r} 26+27+28+\cdots\cdots+36 \\ +)\ 36+35+34+\cdots\cdots+26 \\ \hline 62+62+62+\cdots\cdots+62 \end{array}$$

⑶　44×44＝1936，45×45＝2025より，2022は45番目のグループの中にある。45番目のグループの最初の数は1936＋１＝1937だから，2022は45番目のグループの左から2022－1937＋１＝86(番目)の数である。

〔５〕

**【解き方】問題の図から，右のようなことがわかる。**

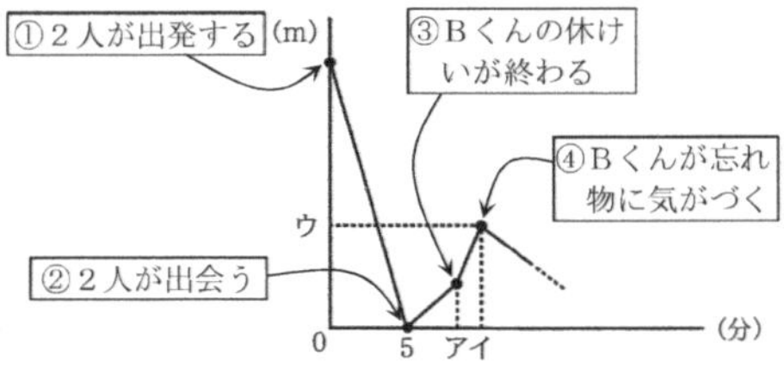


⑴　①から②までの間，２人の間の道のりは１分間で150＋200＝350(m)短くなるから，学校から図書館までの道のりは，350×５＝1750(m)

⑵　Ｂくんは②から２分間休けいしていたから，ア＝５＋２＝７

Ｂくんは③から１分後に忘れ物に気がついたから，イ＝７＋１＝８

２人の間の道のりは，②から③の間は１分間で150m長くなり(Ａくんだけ進んでいる)，③から④の間は１分間で350m長くなる(２人の速さの和)。よって，ウ＝150×２＋350×１＝650

⑶　**【解き方】Ａくんが図書館につくまでの時間，Ｂくんは図書館に戻るまでの時間をそれぞれ求める。**

Ａくんは学校を出発してから図書館につくまでに，$1750 \div 150 = 11\frac{2}{3}$(分)かかる。

Ｂくんは図書館を出発してから，忘れ物に気づくまでに８分，そこは図書館から200×(８－２)＝1200(m)はなれた地点だから，そこから図書館に戻るまでに1200÷300＝４(分)かかるので，合わせて８＋４＝12(分)かかる。

よって，Ｂくんのほうが遅く図書館に戻るから，Ａくんに追いつくことはできない。

## 《2022　理科　解説》

1　**(問２)**　気温が高くなると，蒸散がさかんに起こる。これは，水が水蒸気に変化するときに熱をうばうことを利用して，植物のからだの温度を下げるためである。また，光が強いときには，水と二酸化炭素からでんぷんと酸素をつくる光合成がさかんに行われる。このとき，気体を出し入れするために気孔が大きく開くため，蒸散もさかんになる。

**(問３)**　Ａは葉の裏で蒸散が起こるが，Ｂは葉の裏で蒸散が起こらない。他の部分からの蒸散量は同じだから，ＡとＢの水の減少量の差が，葉の裏からの蒸散量と考えればよい。よって，４枚の葉の裏からの４時間での蒸散量は7.5−3.5＝４(目もり)だから，１時間あたりの葉１枚の裏の蒸散量は４÷４÷４＝0.25(目もり)である。

**(問６)**　アはえら，イは心臓，ウは肝臓《かんぞう》，オは腸である。

**2**　**(問２)**　表１より，ミョウバンは40℃の水100ｇに24ｇまでとけるから，40℃の水200ｇにはその２倍の48ｇまでとける。よって，60℃のときにとかした80ｇのうち，80−48＝32(ｇ)がとけきれずに出てくる。

**(問３)**　数日後の水の重さは250−25＝225(ｇ)になっている。ミョウバンは20℃の水100ｇに12ｇまでとけるから，20℃の水225ｇには$12\times\frac{225}{100}=27$(ｇ)までとける。よって，はじめにとかした50ｇのうち，50−27＝23(ｇ)がとけきれずに出てくる。

**(問４)**　ＢＴＢよう液を入れると黄色になるのは酸性の水よう液である。アとウとカはアルカリ性，オは中性である。なお，ＢＴＢよう液はアルカリ性で青色，中性で緑色になる。

**(問５)**　アにとけている水酸化カルシウム，オにとけている食塩，カにとけている水酸化ナトリウムは白い固体である。なお，イにとけている二酸化炭素，ウにとけているアンモニア，エにとけている塩化水素はいずれも気体である。

**(問６)**　(問５)解説のとおり，イは二酸化炭素の水よう液だから，アとイを混ぜると石灰水に二酸化炭素を通したときと同じように白くにごる。

**3**　**(問１)**　ア○…アサリは浅い海に生息するから，アサリの化石が発見された砂岩がたい積したときには，浅い海であったと考えられる。　イ○…ぎょう灰岩は火山灰がたい積してできたものである。ぎょう灰岩の層が２つ見られることから，少なくとも２回は火山がふん火したと考えられる。　ウ○…地層はふつう下にあるものほど古い時代にたい積したものである。よって，一番上にある泥岩《でいがん》の層よりも下の層で断層が確認されたことから，泥岩の層は，断層ができた後にたい積したと考えられる。

エ×…アンモナイトやサンゴの化石が発見されなければ，それらの生物が生息していたとは考えられない。

**(問２)**　運ぱん作用は，流水が土砂などを運ぶはたらきである。川を流れてくる間に，川底や他の石とぶつかるなどして角がとれて丸みを帯びる。

**(問４)**　マグマのねばりけが小さいと，火口から流れ出るようにして広がっていく。

**(問６)**　①アメダスの正式名称《めいしょう》は地域気象観測システムであり，全国にある観測所で降水量，風向・風速，気温，湿度などの観測を行っている。　②③台風は低気圧であり，北半球では低気圧の中心に向かって反時計回りに風がふきこむ。このため，中心の北(Ｂ)では東よりの風，南(Ｃ)では西よりの風がふく。

**4**　**(問１)**　支点の左右でてこをかたむけるはたらき〔おもりの重さ(ｇ)×支点からの距離《きょり》(m)〕が等しくなると，棒はつり合って水平になる。図５で，支点から20ｇのおもりまでの距離は100−20＝80(㎝)であり，棒を左にかたむけるはたらきは20×80＝1600だから，Ａが棒を右にかたむけるはたらきも1600になるように1600÷20＝80(ｇ)にすればよい。

**(問２)**　図６では，棒の右端《はし》を支点と考える。滑車によって20ｇのおもりは棒の左端(支点から100㎝)を上に引くことになるから，20ｇのおもりが棒を時計回りに回転させるはたらきは20×100＝2000である。よって，Ｂが棒を反時計回りに回転させるはたらきも2000になるように2000÷20＝100(ｇ)にすればよい。

**(問３)**　支点からおもりまでの距離は50㎝だから，(問２)と同様に考えて，2000÷50＝40(ｇ)となる。

(問４)　支点から最小目もりまでの距離は25－20＝５(cm)だから，ここに60ｇのおもりをつるしたとき，棒を右にかたむけるはたらきは60×５＝300になる。このとき，棒の左端(支点から20cm)にかかる重さが300÷20＝15(ｇ)であればつり合うから，カゴに乗せるものの重さは15－10《カゴの重さ》＝５(ｇ)である。60ｇのおもりを最大目もり(棒の右端から５cm→支点から75cm)につるしたときについても同様に考えると，棒を右にかたむけるはたらきが60×75＝4500であり，棒の左端にかかる重さが4500÷20＝225(ｇ)になればよいから，カゴに乗せるものの重さは225－10＝215(ｇ)である。

## 《2022　社会　解説》

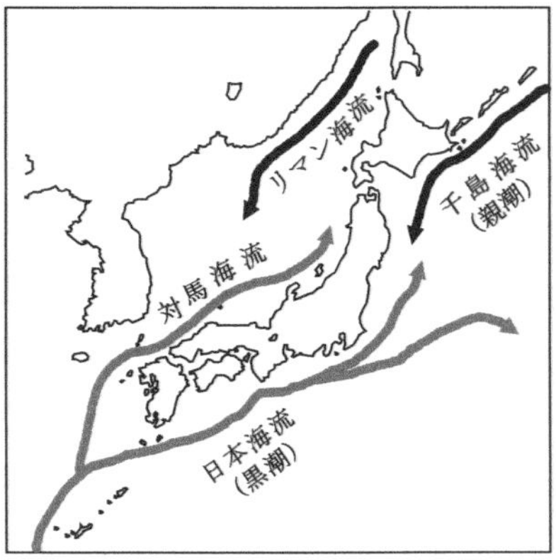


1 問１　富士山があるのは静岡県と山梨県だから，イが誤り。

問２　親潮(千島海流)と黒潮(日本海流)がぶつかる潮目(潮境)は，プランクトンが豊富な好漁場となっている(右図参照)。

問３　西陣織は京都府の伝統工芸品だから，イが誤り。

問４　Ｂのみ誤りだから，イを選ぶ。土砂くずれがおこりそうなところに「砂防ダム」を，川の水が流れ込まないように「堤防」をつくる。

2 問１　日本は非核三原則を掲げており，核兵器を持たない立場を明らかにしているが，アメリカの核の傘に守られる安全保障政策などを理由に核兵器禁止条約に批准しなかった。

問２⑴　奄美大島は鹿児島県，西表島は沖縄県に属する。　⑵　日本の世界自然遺産は登録順に，屋久島(鹿児島県)・白神山地(青森県・秋田県)・知床(北海道)・小笠原諸島(東京都)・奄美大島，徳之島，沖縄島北部及び西表島(鹿児島県・沖縄県)である。　⑶　北海道・北東北の縄文遺跡群が世界文化遺産に登録されたから，アを選ぶ。

問３⑴　都道府県は全部で 47 あり，東京都，北海道，大阪府・京都府，43 県である。　⑵　ピクトグラムを使えばひと目見て何を表現しているのかわかるため，日本語のわからない人でも情報手段として活用できる。

⑶　ソフトボールはロンドンオリンピックで除外され，今回の東京オリンピックだけで再び採用されたから，ウが誤り。

3 問１Ａ　「武士として初めて(鎌倉)幕府を開いた」「戦で活躍した弟(義経)」「国ごとに守護…荘園には地頭を置く」から，鎌倉幕府初代将軍の源頼朝である。　Ｂ　「６歳で(アメリカに)留学」「女子教育のため…大学までつくる」「新５千円札」から，女子英学塾(津田塾大学)創立者の津田梅子である。　Ｃ　「トランプ(共和党)をやぶって新しい大統領に就任」「鎖国をしていた…(日本を)開国させ」「２つの世界大戦でも勝利」から，アメリカの民主党のバイデン大統領である。　Ｄ　「天橋立図」「水とすみだけ…絵」から，室町時代の水墨画家の雪舟である。

Ｅ　「天下を取る」「作った町(江戸)は…日本の首都(東京)として発展」から江戸幕府初代将軍の徳川家康である。

問２⑴　頼朝は，義経を探すという名目で守護と地頭の設置を朝廷に認めさせた。軍事・警察の役割を持つ守護は国ごとに，年貢の取り立てなどを行う地頭は荘園や公領ごとに置かれた。　⑵　1776年のアメリカ独立宣言で，アメリカはイギリスから独立した。アメリカ独立戦争の総司令官をつとめたワシントンは，初代大統領となった。

問３⑴　アが正しい。源氏が３代将軍源実朝で途絶えた後も御家人と将軍の主従関係は続いたが，将軍は名目的存在であり，執権についた北条氏が政治の実権を握った。イは平安時代に摂関政治を行った貴族，ウは室町幕府将軍。エは関東に広く分布した一族。戦国時代の上杉謙信などで知られる。　⑵　イが正しい。１万円札は渋沢栄一，５千円札は津田梅子，千円札は北里柴三郎である。　⑶　ペリーの率いた軍艦は蒸気機関の煙を出していたことなどから「黒船」と呼ばれた。1854 年の日米和親条約では，函館(箱館)・下田の２港が開かれた。

(5) 関ヶ原の戦いは，徳川家康を中心とする東軍と石田三成を中心とする西軍の戦いである。この戦いに勝利した徳川家康は，天下統一を果たし，1603 年に征夷大将軍になって江戸幕府を開いた。

**4** **問１**(1) イが正しい。戦後初の衆議院議員総選挙(1946 年実施)では，女性の参政権を認めたほか，有権者の年齢を 20 才に引き下げたことで有権者が増加した。　ア．日本国憲法は 1946 年 11 月３日に公布され，1947 年５月３日に施行された。　ウ．日本国憲法の三大基本原理は，国民主権・基本的人権の尊重・平和主義である。

**問２**　日本国憲法によって象徴と規定されているのは天皇だから，ウが誤り。内閣総理大臣は，日本国憲法によって内閣の首長と規定されている。

**問３**(1) 国民審査の対象は最高裁判所の裁判官だから，ウが誤り。衆議院議員総選挙のときに最高裁判所の裁判官の適任・不適任を国民審査によって審査する。　(2) 最高裁判所は，天皇が任命する長官と，内閣が任命する 14 名の裁判官の計 15 名で構成される。最高裁判所の下には，高等裁判所・地方裁判所・家庭裁判所・簡易裁判所などの下級裁判所が置かれている。

**問４**　立法権を持つ「国会」，行政権を持つ「内閣」，司法権を持つ「裁判所」の三権を分散・独立させることで，権力の集中やらん用を防いでいる(右図参照)。

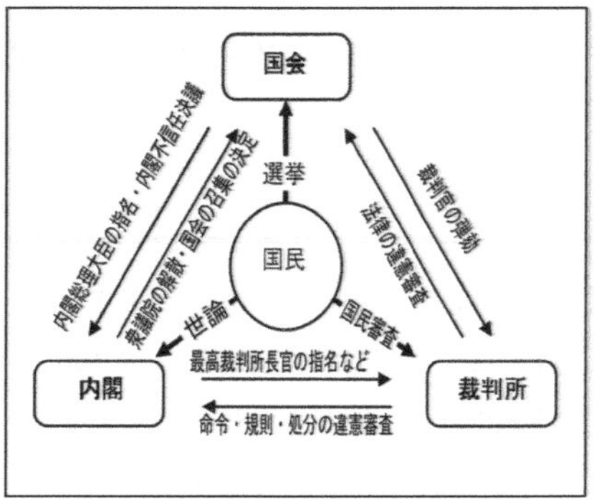

# 2021 解答例 令和3年度　近畿大学附属広島中学校福山校

## 《国　語》

一　問一．①しかつ　②けいこう　③りんしょう　④はいやく　問二．①大陸　②見当　③指示　④周辺　⑤農村　⑥貧

二　問一．A．エ　B．ア　C．イ　D．ウ　問二．客観　問三．エ　問四．イ　問五．(1)内発的発展　(2)いろいろな国のそれぞれ異なる文化の影響を受けながらも、必要なものをもらいながら、自国の文化を作り上げること。　(3)Ⅰ．生産力　Ⅱ．軍事力　Ⅲ．自立性　Ⅳ．多様性　問六．自然環境は　問七．ア，ウ

三　問一．ⓐウ　ⓑエ　ⓒア　問二．A．ア　B．カ　問三．エ　問四．学校をずる休みした陽一へのいかりの感情。　問五．ジョンソンの存在をかくすために、たった一人で努力していた陽一を、いとおしく思う気持ち。　問六．Ⅰ．ジョンソンの横にいた　Ⅱ．自分にもっと大きな責任がある　問七．ジョンソンとお別れすること　問八．エ

## 《算　数》

〔1〕(1)42　(2)36　(3)3　(4)0.36　(5)$\frac{5}{12}$　(6)$1\frac{1}{2}$　(7)2710　(8)$\frac{6}{7}$

〔2〕(1)21　(2)192　(3)65　(4)123　(5)36　※(6)72

〔3〕(1)135　(2)30　(3)60

〔4〕(1)㋐12　㋑20　(2)416

〔5〕(1)9.6　※(2)14

※の途中の考え方は解説を参照してください。

## 《理　科》

1　問1．蒸散　問2．(イ)　問3．(ア)，(エ)　問4．③，④　問5．(ウ)　問6．6552

2　問1．(ア)，(エ)，(オ)　問2．水溶液A…(オ)　水溶液B…(ア)　水溶液C…(ウ)　問3．(ウ)，(エ)　問4．33　問5．132

3　問1．ベテルギウス　問2．反対　問3．でい岩　問4．(ア)　問5．ハザードマップ

4　問1．①(ア)　②(ウ)　問2．(ア)，(イ)，(ウ)　問3．(イ)→(ウ)→(エ)→(オ)　問4．(ア)，(イ)，(エ)　問5．①○　②○

## 《社　会》

1　問1．(1)イ　(2)エ　(3)ク　(4)ケ　問2．(1)短くて急である　(2)水が急激に増えるため　問3．イ　問4．ア　問5．イ　問6．エ

2　問1．2，23　問2．イ　問3．(1)厚生労働　(2)ア　(3)ウ　問4．地球環境に影響を与えるプラスチックごみを減らすため。

3　問1．(1)聖武天皇　(2)国分寺　(3)オランダ　問2．イ　問3．イ　問4．イ　問5．ウ　問6．墾田永年私財法　問7．イ　問8．出島　問9．ア

4　問1．ウ　問2．ア　問3．イ　問4．ア　問5．(1)ウ　(2)ウ

# 近畿大学附属広島中学校福山校

**←解答例は前のページにありますので，そちらをご覧ください。**

## ―《2021　国語　解説》

□二 **問二**　ラオスやミャンマーの男性が巻きスカートをはいている姿を、（ジーンズよりも）はるかに美しいと感じているのは筆者。その国の人達の感じ方にとらわれない、外側からの見方だから「客観的」が適する。「明治維新《いしん》以後と戦後の日本人は、客観的には着物より不格好であっても、主観的には洋服の方が『かっこいい』と思い込《こ》んで」を参照。日本人も、自分たちは洋服の方が「かっこいい」と思っていたが、客観的に見ると着物の方が似合っていたということを言っている。

**問三**　明治維新以後、日本人が洋服を着るようになった理由を問いかけている。次の段落で「それは洋服の方が美しいからでしょうか？」とさらに質問を重ね、ラオスやミャンマーといった、日本と似た例をあげ、その後で結論を述べている。それは「自国と外国のあいだに、価値の高低をつけ～欧米《おうべい》文化の価値は高く、日本文化の価値は低い」ということにして、「技術や政治のみならず生活まですべて欧米化すれば『世界に認められる』と考えたから」である。よってエが適する。

**問四**　直接的には、直前の段落に書かれている、建築物や食べ物などの様々なことが日本で「欧米化」したことを指して「これ」と言っている。日本に欧米文化が入って広まったことだから、イが適する。アは、アメリカ側がものを売ろうとしている事情がふくまれないので、適さない。

**問五(1)**　（中略）の３行後の「『内発的発展』こそが、グローバリゼーションがもたらす長所です」からぬき出す。

**(2)**　同じ行の「これを『内発的発展』と言います」の直前の一文に、説明が述べられている。　**(3)**　――線③に続く「大量に製品を作ったり～できる国が、生産力の劣《おと》る国に大量に安く商品を売ることで、ものや文化の多様性が失われ、国の自立性が無くなります。また、軍事力の弱い国が強い国の～模倣《もほう》し依存《いぞん》することで地球上の文化が多様性を失います」からぬき出す。直後で「それらの点が短所（＝欠点）です」と言っている。

**問六**　最後から３行目の「自然環境《かんきょう》を無視して技術だけを導入すると、とんでもないことが起」きることの具体例が、ぬけている文の内容である。

**問七**　江戸《えど》時代は、海外の文化を全面的には受け容《い》れず、服の生地《きじ》やお菓子《かし》など、良いと思うものだけ取り入れた。（中略）の後に「江戸時代は～それぞれ異なる文化の影響《えいきょう》を受けながらも～必要なものをもらいながら、日本文化を作り上げていました～『内発的発展』こそが、グローバリゼーションがもたらす長所です」にある。つまり、筆者は江戸時代のグローバリゼーションを良い形だととらえている。一方で、明治時代のグローバリゼーションは、洋服一辺倒《いっぺんとう》になるなど、技術や政治だけでなく生活まで欧米化することを目指した。このようなあり方では、文化の多様性が失われ、国の自立性がなくなってしまうと筆者は考えている。よって、アとウが適する。

□三 **問三**　「なにもかも」は「作りだした」を修飾《しゅうしょく》している。「なにもかも―作りだした」とつなげても、意味が通じる。

**問四**　「感情を押し殺した声」とあるから、本当はこの感情でいっぱいになっている。２～５行後に「一瞬《いっしゅん》、手が出そうになった。乱暴な言葉も飛び出そうだった～陽一《よういち》がなぜ学校をずる休みしたのか」とあることから、陽一が学校を「ずる休みした」ことに、母である里津子《りつこ》が怒《おこ》っていることが読み取れる。

**問五**　――線②の５行前の「陽ちゃん、一週間ずっとジョンソンの横にいたの？」という言葉や、――線②の２行後の「里津子は坊主刈《ぼうずが》りのその頭を撫《な》でる」という行動から、昼食もがまんしてジョンソンを守るために頑張《がんば》っていた息子を、健気《けなげ》でいとおしいと思う気持ちがうかがえる。

**問六**　問五の解説も参照。「陽一の洗った箸《はし》とフォーク」は、陽一が里津子に打ち明けず、孤独《こどく》にジョンソンを守ろうとしていたことの象徴《しょうちょう》である。その状況《じょうきょう》に陽一を追いやったのは、そもそも自分がジョンソンを保護して連れ帰ってしまったからだと、里津子は責任を感じている。本文８～10 行目の「陽一がなぜ学校をずる休みしたのか、その理由は明らかだった。ジョンソンのためなら、それを連れてきた自分にもっと大きな責任がある～陽一を取り巻いている状況はすべて里津子が作りだした」を参照。

**問七**　ジョンソンを放すと決まったことと、陽一が思っている３つのことについて、里津子が「ジョンソンのことはともかく」と言っていることから、ジョンソンに関することが入ると推測ができる。

**問八**　ア．お昼ご飯を、「手早く作っている」様子は書かれていない。また、再出社できないことを工場の人に叱《しか》られており、「誰《だれ》からも頼《たよ》りにされている」様子は書かれていないので、適さない。　イ．里津子が帰ってきたのは、陽一が学校を休んでいるという連絡《れんらく》が先生からあったから。昼食を食べていなかったことは帰ってきてから知ったので、適さない。　ウ．前書きを参照。陽一がジョンソンのそばにいたのは、カラスを駆除《くじょ》しようとしているアパートの人々からジョンソンを守るためなので、「自然に帰れるように」が適さない。里津子からジョンソンを放そうと言われると、ジョンソンのことを心配している。　エ．ジョンソンが鳴いたら殺されると思い、陽一がジョンソンのそばにいたことから、ジョンソンは、陽一がいれば静かにしていると考えられる。また、［ B ］の１行前の「名前を呼ばれたためか、ジョンソンが段ボールの箱のなかでがさがさ暴れ始めた」から、ジョンソンが名前を覚え、家族になじんでいることがうかがえるので、適する。

## 《2021　算数　解説》

〔１〕

⑴　与式＝82＋18－58＝100－58＝42

⑵　与式＝12×３＝36

⑶　与式＝$\frac{5}{2}\times\frac{6}{5}=3$

⑷　与式＝0.6－0.24＝0.36

⑸　与式＝$\frac{1}{3}\times(\frac{4}{6}+\frac{1}{6})\times\frac{3}{2}=\frac{1}{3}\times\frac{5}{6}\times\frac{3}{2}=\frac{5}{12}$

⑹　与式＝$(\frac{3}{2}+\frac{3}{5}\div\frac{13}{10})\times\frac{13}{17}=(\frac{3}{2}+\frac{3}{5}\times\frac{10}{13})\times\frac{13}{17}=(\frac{3}{2}+\frac{6}{13})\times\frac{13}{17}=(\frac{39}{26}+\frac{12}{26})\times\frac{13}{17}=\frac{51}{26}\times\frac{13}{17}=\frac{3}{2}=1\frac{1}{2}$

⑺　与式＝2.71×300＋2.71×２×250＋2.71×10×20＝2.71×(300＋500＋200)＝2.71×1000＝2710

⑻　与式＝$(\frac{1}{1}-\frac{1}{2})+(\frac{1}{2}-\frac{1}{3})+(\frac{1}{3}-\frac{1}{4})+(\frac{1}{4}-\frac{1}{5})+(\frac{1}{5}-\frac{1}{6})+(\frac{1}{6}-\frac{1}{7})=\frac{1}{1}-\frac{1}{7}=\frac{6}{7}$

〔２〕

⑴　分速 350mで１時間＝60 分移動すると，350m×60＝21000m＝$\frac{21000}{1000}$km＝21 km進むから，分速 350m＝時速 21 km

⑵　**【解き方】27 と 63 のどちらで割っても３余る整数は，27 と 63 の公倍数より３大きい数である。また，公倍数は最小公倍数の倍数だから，まず 27 と 63 の最小公倍数を求める。**

```
3 ) 27  63
3 )  9  21
     3   7
```

２つの数の最小公倍数を求めるときは，右の筆算のように割り切れる数で次々に割っていき，割った数と割られた結果残った数をすべてかけあわせればよい。27 と 63 の最小公倍数は，３×３×３×７＝189 である。よって，189＋３＝192 は 27 と 63 のどちらで割っても３余る整数であり，３けたの整数の中で最小だから，これが求める数である。

⑶　**【解き方】折り返したときに重なる角は等しいことと，正三角形の１つの内角は60°であることを利用する。**

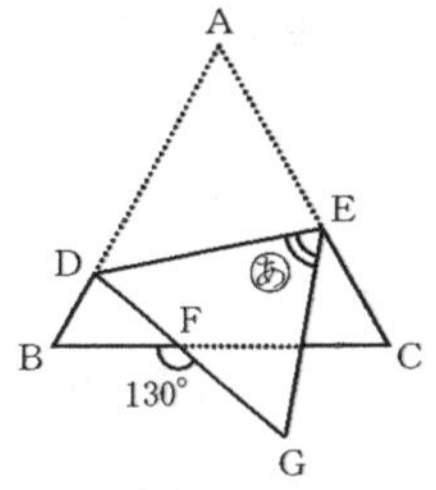


右図のように記号をおく。角ＤＦＢ＝180°－130°＝50°　，角ＤＢＦ＝60°

三角形の１つの外角は，これととなり合わない２つの内角の和に等しいから，

三角形ＢＤＦにおいて，角ＡＤＧ＝角ＤＦＢ＋角ＤＢＦ＝50°＋60°＝110°

折り返したとき重なるから，

角ＥＤＧ＝角ＡＤＦ÷２＝110°÷２＝55°，角ＤＧＥ＝角ＤＡＥ＝60°

三角形ＤＥＧの内角の和より，角㋐＝180°－55°－60°＝65°

⑷　**【解き方】１箱に入れる個数の変化にともなって，均等に入れるために必要な個数がどう変化するかを調べる。**

１箱に入れる個数を９－７＝２(個)増やすと，すべての箱に均等に入れるために必要なみかんの個数は，

４＋(９－６)＋９×３＝34(個)増える。よって，箱は34÷２＝17(箱)あるから，みかんは全部で，７×17＋４＝123(個)ある。

⑸　**【解き方１】１周の長さがいくつであっても答えは変わらないから，１周の長さに計算しやすい仮の値《あたい》をあてはめる。**

45と20と最小公倍数が180だから，１周の長さを180mとする。この場合，Ａくんの速さは分速$\frac{180}{45}$m＝分速４m，

Ｂくんの速さは分速$\frac{180}{20}$m＝分速９mである。ＢくんがＡくんに１周差をつけるのは，ＢくんがＡくんより１周分(180m)多く進んだときだから，180÷(９－４)＝36(分後)である。

**【解き方２】速さの比は，同じ道のりを進むのにかかる時間の比の逆比に等しいこと，同じ時間に進む道のりの比は速さの比に等しいことを利用して，比で考える。**

ＡくんとＢくんの速さの比は，45：20＝９：４の逆比の４：９である。したがって，ＢくんがＡくんに１周差をつけたときにＡくんとＢくんが進んだ道のりの比も４：９である。この比の数の９－４＝５が１周の道のりにあたるから，このときＡくんは１周の道のりの$\frac{4}{5}$だけ進んだとわかる。

よって，求める時間は，Ａくんが１周するのにかかる時間の$\frac{4}{5}$だから，45×$\frac{4}{5}$＝36(分後)

⑹　**【解き方】水そうの容積を40と60の最小公倍数の(120)とする(容積を①とおいてもよいが，最小公倍数にした方が計算が簡単になる)。**

１分で入る水の量は，Ａ管が(120)÷40＝③，Ｂ管が(120)÷60＝②である。２本の管で５分間水を入れると，

(③＋②)×５＝㉕の水が入るから，(120)－㉕＝(95)が57Ｌにあたる。よって，水そうの容積は，57×$\frac{(120)}{(95)}$＝72(Ｌ)

〔３〕

⑴　{(上底)＋(下底)}×(高さ)÷２＝(６＋12)×15÷２＝135(㎠)

⑵　**【解き方】三角形ＣＤＥと三角形ＣＤＢは，底辺をそれぞれＤＥ，ＤＢとしたときの高さが等しいから，面積比はＤＥ：ＤＢと等しくなる。したがって，ＤＥ：ＤＢと三角形ＣＤＢの面積がわかればよい。**

ＡＤとＢＣが平行だから，三角形ＤＡＥと三角形ＢＣＥは同じ形の三角形であり，対応する辺の比は，

ＤＡ：ＢＣ＝６：12＝１：２である。これより，ＤＥ：ＢＥ＝１：２だから，ＤＥ：ＤＢ＝１：(１＋２)＝１：３

三角形ＣＤＢの面積は，12×15÷２＝90(㎠)　　(三角形ＣＤＥの面積)：(三角形ＣＤＢの面積)＝ＤＥ：ＤＢ＝１：３だから，(三角形ＣＤＥの面積)＝(三角形ＣＤＢの面積)×$\frac{1}{3}$＝90×$\frac{1}{3}$＝30(㎠)

⑶　⑵より，(三角形ＢＣＥの面積)＝(三角形ＣＤＢの面積)－(三角形ＣＤＥの面積)＝90－30＝60(㎠)

〔４〕

⑴　**【解き方】１辺に並べる個数が何個であっても，並べた石を右図のように４等分することができる。したがって，全体の個数は，{(１辺に並べる個数)－１}×４で求められる。**

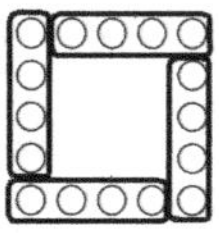

(あ)＝(４－１)×４＝12，(い)＝(６－１)×４＝20

⑵　⑴より，(105－１)×４＝416(個)

〔５〕

⑴　**【解き方】水の深さが棒の高さをこえそうにないので，水の体積を，(容器の底面積)－(棒４本分の底面積)で割ればよい。最後に，水の深さが棒の高さをこえていないかどうか忘れずに確認すること。**

容器の底面積が６×８＝48(㎠)だから，水の体積は，48×８＝384(㎤)

棒の底面積が２×１＝２(㎠)だから，棒を４本入れることで，水が入る部分の底面積は，48－２×４＝40(㎠)になる。よって，水の深さは，384÷40＝9.6(㎝)になり，これは棒の高さより浅いので，条件に合っている。

⑵　**【解き方】水の深さが棒の高さより大きいので，棒はすべて水の中に入っている。よって，水の体積が，入れた棒の体積分だけ増えたと考えればよい。**

水の体積と棒の体積の和が，48×15＝720(㎤)になったのだから，棒の体積の和は，720－384＝336(㎤)

棒１本分の体積は，２×12＝24(㎤)だから，入れた棒の本数は，336÷24＝14(本)

## 《2021　理科　解説》

1　**問２**　(イ)○…葉の中の水分が多いとき，蒸散がさかんに行われることで，根からの水分の吸収もさかんに行われる。

**問３**　(ア)，(エ)○…コムギは葉脈が平行になっている。同様に葉脈が平行になっているツユクサ，トウモロコシを選ぶ。なお，このように葉脈が平行になっているなかまを単子葉類《たんしようるい》といい，葉脈が網目《あみめ》状になっているホウセンカ，ヘチマのなかまを双子葉類《そうしようるい》という。

**問４**　②，③○…ヒトの心臓には４つの部屋がある。図１はヒトの心臓を前から見たときの図だから，血液は①(大静脈)→右心房→右心室→③(肺動脈)→肺→④(肺静脈)→左心房→左心室→②(大動脈)の順に流れる。

**問５**　(ウ)○…Ａ，Ｂをべんという。べんは心臓の他に大静脈にも見られる。

**問６**　１日→24 時間→1440 分，65mL→0.065Ｌより，この心臓が１日に送り出す血液は 0.065×70×1440＝6552(Ｌ)となる。

2　**問１**　(ア)，(エ)，(オ)○…水溶液を加熱して水を蒸発させたときに何も残らないのは，気体が水に溶けた水溶液である。(ア)～(カ)のうち，気体が水に溶けているのは，(ア)のうすい塩酸(塩化水素の水溶液)，(エ)の炭酸水(二酸化炭素の水溶液)，(オ)のアンモニア水である。

**問２**　実験４より，Ｃは二酸化炭素を通すと白くにごったことから，(ウ)の石灰水だとわかる。また，ＢＴＢ溶液は酸性で黄色，中性で緑色，アルカリ性で青色に変化するので，実験２より，Ａはアルカリ性，Ｂは酸性だとわかる。実験３より，においがしたＡとＢはうすい塩酸かアンモニア水のどちらかだから，Ａは(オ)のアンモニア水，Ｂは(ア)のうすい塩酸である。

**問３**　(ウ)，(エ)○…炭酸水は二酸化炭素の水溶液だから，石灰水に通すと白くにごる。

**問４**　表１より，二酸化炭素の体積が 20mL のとき，50mL の水にとけた二酸化炭素の体積は 20mL である。二酸化炭素の体積が 40mL のとき，実験後の容器内の体積が 7 mL 増えたので，とけ残った二酸化炭素は 7 mL であり，40－ 7 ＝33(mL)がとけた。二酸化炭素の体積が 60mL と 80mL のときは，40mL のときと比べて増えた二酸化炭素がそのまま残ったので，とけ残った二酸化炭素はそれぞれ 27mL と 47mL である。したがって，50mL の水にとける二酸化炭素は 40－ 7 ＝33(mL)となる。

**問５**　とける二酸化炭素の体積は水の体積に比例するので，$33\times\frac{200}{50}=132$(mL)となる。

3　**問１**　冬の大三角を作る星は，オリオン座のベテルギウス，おおいぬ座のシリウス，こいぬ座のプロキオンである。

**問２**　北半球では，北の空の星は，北極星を中心に反時計回りに回転して見える。24 時間後にほぼ同じ位置に戻るので，１時間に 360÷24＝15(度)回転する。

**問４**　サンゴは暖かく浅い海に生息するので，サンゴの化石が出てきた地層は，このような環境でできた考えられる。なお，サンゴの他に，シジミの化石が見つかることによって，河口付近などの海水と淡水が混ざるところ，ブナの化石が見つかることによって，温帯のやや寒い地域で地層ができたと考えることができる。

4　**問１①**　(ア)○…水は液体から固体の氷にすると体積が大きくなる。　②　(ウ)○…氷，水，水蒸気のように，物質の状態《じょうたい》が変化しても，重さは変わらない。

**問２**　(ア)，(イ)，(ウ)○…球の体積が大きくなるか，リングの体積が小さくなると，球がリングを通り抜けられなくなる。金属を熱すると体積が大きくなり，冷やすと体積が小さくなる。なお，(エ)，(オ)，(カ)では球がリングを通り抜けやすくなる。

**問３**　金属を加熱すると，熱は加熱部分から順に伝わっていき，やがてつながっている部分全体があたたまる。このような熱の伝わり方を伝導《でんどう》という。銅板でつながっている部分の(ア)からの距離が近い順に並べる。

**問４**　(ア)，(イ)，(エ)○…ある条件が必要かどうかを調べるとき，その条件以外を同じにして結果を比べる実験を対照実験という。(ア)はふれはば以外が同じなので，ふれはばを調べることができ，(イ)はおもりの重さ以外が同じなので，おもりの重さを調べることができ，(エ)はふりこのひもの長さ以外が同じなので，ふりこのひもの長さを調べることができる。

**問５①**　測定ご差を小さくするために，10 往復する時間を 10 で割って 1 往復の時間を求める。　②　(ア)ではふりこの長さは変わらないが，(イ)ではふりこの長さが長くなってしまうので，(ア)のようにつるす。

## 《2021　社会　解説》

1　**問１(1)・(2)**　「現に日本が有効に支配して」から尖閣諸島と判断する。竹島は韓国，北方領土はロシアが実効支配している。　(4)　領海は右図参照。

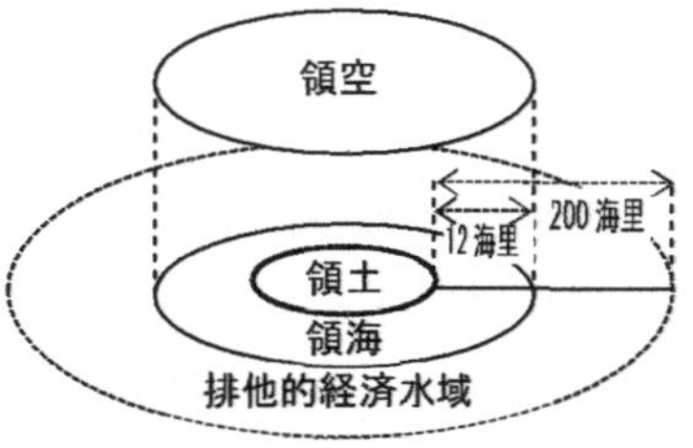


**問２(1)**　信濃川の長さは 367 kmであるのに対し，ナイル川やアマゾン川の長さは6500km以上であることから，日本の河川が短いとわかる。常願寺川や信濃川の標高は 1200m以上であるのに対し，セーヌ川やナイル川やアマゾン川の標高は 500m以下であることから，日本の河川の流れが急であるとわかる。　(2)　洪水が川の氾濫《はんらん》でおこることから，水量の急増を導く。

**問３**　イを選ぶ。アは白神山地，ウは屋久島，エは知床についての記述である。

**問４**　アが誤り。南東季節風の影響で，太平洋側では夏に雨が多い。北西季節風の影響で，日本海側では冬に雪が多い。

**問５**　イが正しい。　ア．夏でもすずしい産地では，高原野菜のレタスやキャベツなどを生産している(高冷地農業による抑制栽培)。トマトやナスなどは，冬でも暖かい産地で生産されている(促成栽培)。　ウ．みかんは気温が高くなる気候の地域，りんごはすずしい地域で栽培されている。

問６　両方とも誤りだから，エを選ぶ。　Ａ．太平洋ベルトの工業生産額は，日本全体のおよそ７割である。

Ｂ．大工場と中小工場を比較すると，数はおよそ１：99，従業員数は３：７，工業生産額は52：48である。

2　問２　イギリスについての記述のイが正しい。アはフランス，ウはドイツ・イタリア。

問３(1)　厚生労働省は，公衆衛生や社会保障に関する業務を担当している。　(2)　アを選ぶ。ＷＨＯは世界保健機関，ＵＮＩＣＥＦは国連児童基金，ＵＮＥＳＣＯは国連教育科学文化機関，ＷＦＰは国連世界食糧計画の略称。

(3)　ウが誤り。「三密」やクラスターの発生を防ぐため，外出の自粛《じしゅく》や都道府県をまたいだ移動を控えることが推奨された。

問４　捨てられたレジ袋は海に流れ込み，微小なプラスチック粒子(マイクロプラスチック)となる。それを魚などが食べ，その魚を食べている人間の体に移行して影響を及ぼす危険性が問題視されている。そのため，買物にマイバックを持参して，レジ袋を削減することが推奨されている。

3　問１(1)・(2)　聖武天皇は仏教の力で国家を守るため，国ごとに国分寺を，都には総国分寺として東大寺を建てた。

(3)　江戸幕府は，キリスト教を布教するスペインやポルトガルの船の来航を禁止した。オランダはキリスト教を布教しなかったため，オランダ商館を出島に移して交易を行っていた。オランダにはヨーロッパの情勢を報告することが義務づけられていた(オランダ風説書)。

問２　イが正しい。摂政は，天皇が幼少だったり女性だったりしたときに，天皇に代わって政治を行う役職である。推古天皇は女性であったため，甥の聖徳太子が摂政となった。執権は鎌倉幕府，管領は室町幕府に置かれた役職である。関白は天皇が成人した後に政治を補佐する役職である。

問３　イが正しい。隋との対等な国交を目指した聖徳太子は，小野妹子を遣隋使として派遣した。アは朝貢貿易についての記述である。

問４　イが正しい。701年に大宝律令が制定されて，天皇中心の律令国家が成立した。封建制は主従制度，民主制は国民主権制度，共和制は君主を持たない政治体制である。

問５　奈良時代のウが正しい。シルクロードを通って伝わった宝物が，遣唐使によって日本に持ちこまれ，東大寺正倉院におさめられた。アは飛鳥時代，イは安土桃山時代。

問６　奈良時代の中ごろになると，人口の増加にともなって口分田が不足してきたため，聖武天皇は墾田永年私財法を制定し，新たに開墾した土地の永久私有を認めた。

問７　イが正しい。江戸幕府３代将軍徳川家光は，キリスト教徒の増加がヨーロッパによる日本侵略のきっかけとなり，支配のさまたげになると考え，鎖国政策を行った。徳川家康は初代将軍，徳川綱吉は５代将軍，徳川吉宗は８代将軍。

問８　問１(3)の解説参照。

問９　アが正しい。杉田玄白は『解体新書』を出版した医師，本居宣長は『古事記伝』を書いた国学者，歌川広重は「東海道五十三次」を描いた浮世絵師である。

4　問１　ウが正しい。日本国憲法の基本原則は「国民主権」「平和主義」「基本的人権の尊重」である。　ア．天皇は政治的な権限を持たない。　イ．国民投票は，義務ではなく権利である。

問２　アが正しい。「非核三原則」は，核兵器を「持たず，つくらず，持ち込ませず」という三つの原則である。

イ．平和主義は，日本国憲法の前文と第９条に規定されている。　ウ．第９条に「戦力の不保持」が規定されているため，「正式な軍隊として認めている」が不適切である。政府は，自衛隊を自衛のための必要最小限度の実力とし，軍隊として認めていない。

**問３**　イを選ぶ。「黒い雨訴訟」は，広島への原爆投下後に降った黒い雨によって，健康被害を受けたと住民らが訴えた裁判である。簡易裁判所は438か所，高等裁判所は８か所に設置されている。家庭裁判所は50か所に設置されているが，家庭の事件と少年事件について取り扱う。

**問４**　アが誤り。期日前投票者数の投票者数全体に占める割合は，すべて４割未満である。最も高い第48回でも21379982÷56952674×100＝37.5…(％)となる。

**問５(1)**　ウが正しい。　ア．法律案と予算案の議決は国会の持つ権限である。　イ．弾劾裁判所は国会に設置される。

**(2)**　ウが正しい。参議院は３年ごとに半数が改選される。　ア．衆議院の定数465人のうち，小選挙区から289人，比例代表から176人が選出される。　イ．被選挙権年齢は，衆議院も参議院も満18歳以上である。

## ■ ご使用にあたってのお願い・ご注意

（1）問題文等の非掲載

著作権上の都合により，問題文や図表などの一部を掲載できない場合があります。

誠に申し訳ございませんが，ご了承くださいますようお願いいたします。

（2）過去問における時事性

過去問題集は，学習指導要領の改訂や社会状況の変化，新たな発見などにより，現在とは異なる表記や解説になっている場合があります。過去問の特性上，出題当時のままで出版していますので，あらかじめご了承ください。

（3）配点

学校等から配点が公表されている場合は，記載しています。公表されていない場合は，記載していません。

独自の予想配点は，出題者の意図と異なる場合があり，お客様が学習するうえで誤った判断をしてしまう恐れがあるため記載していません。

（4）無断複製等の禁止

購入された個人のお客様が，ご家庭でご自身またはご家族の学習のためにコピーをすることは可能ですが，それ以外の目的でコピー，スキャン，転載（ブログ，ＳＮＳなどでの公開を含みます）などをすることは法律により禁止されています。学校や学習塾などで，児童生徒のためにコピーをして使用することも法律により禁止されています。

ご不明な点や，違法な疑いのある行為を確認された場合は，弊社までご連絡ください。

（5）けがに注意

この問題集は針を外して使用します。針を外すときは，けがをしないように注意してください。また，表紙カバーや問題用紙の端で手指を傷つけないように十分注意してください。

（6）正誤

制作には万全を期しておりますが，万が一誤りなどがございましたら，弊社までご連絡ください。

なお，誤りが判明した場合は，弊社ウェブサイトの「ご購入者様のページ」に掲載しておりますので，そちらもご確認ください。

## ■ お問い合わせ

解答例，解説，印刷，製本など，問題集発行におけるすべての責任は弊社にあります。

ご不明な点がございましたら，弊社ウェブサイトの「お問い合わせ」フォームよりご連絡ください。迅速に対応いたしますが，営業日の都合で回答に数日を要する場合があります。

ご入力いただいたメールアドレス宛に自動返信メールをお送りしています。自動返信メールが届かない場合は，「よくある質問」の「メールの問い合わせに対し返信がありません。」の項目をご確認ください。

また弊社営業日（平日）は，午前９時から午後５時まで，電話でのお問い合わせも受け付けています。

2025春

株式会社教英出版

〒422-8054　静岡県静岡市駿河区南安倍３丁目 12-28

TEL　054-288-2131　　FAX　054-288-2133

URL　https://kyoei-syuppan.net/

MAIL siteform@kyoei-syuppan.net

## 神奈川県

①［県立］相模原中等教育学校
　　　　　平塚中等教育学校
②［市立］南高等学校附属中学校
③［市立］横浜サイエンスフロンティア高等学校附属中学校
④［市立］川崎高等学校附属中学校
✿⑤聖光学院中学校
✿⑥浅野中学校
⑦洗足学園中学校
⑧法政大学第二中学校
⑨逗子開成中学校（１次）
⑩逗子開成中学校（2･3次）
⑪神奈川大学附属中学校（第1回）
⑫神奈川大学附属中学校（第2･3回）
⑬栄光学園中学校
⑭フェリス女学院中学校

## 新潟県

①［県立］村上中等教育学校
　　　　　柏崎翔洋中等教育学校
　　　　　燕中等教育学校
　　　　　津南中等教育学校
　　　　　直江津中等教育学校
　　　　　佐渡中等教育学校
②［市立］高志中等教育学校
③新潟第一中学校
④新潟明訓中学校

## 石川県

①［県立］金沢錦丘中学校
②星稜中学校

## 福井県

①［県立］高志中学校

## 山梨県

①山梨英和中学校
②山梨学院中学校
③駿台甲府中学校

## 長野県

①［県立］屋代高等学校附属中学校
　　　　　諏訪清陵高等学校附属中学校
②［市立］長野中学校

## 岐阜県

①岐阜東中学校
②鶯谷中学校
③岐阜聖徳学園大学附属中学校

## 静岡県

①［国立］静岡大学教育学部附属中学校
　　　　　（静岡・島田・浜松）
②［県立］清水南高等学校中等部
　［県立］浜松西高等学校中等部
　［市立］沼津高等学校中等部
③不二聖心女子学院中学校
④日本大学三島中学校
⑤加藤学園暁秀中学校
⑥星陵中学校
⑦東海大学付属静岡翔洋高等学校中等部
⑧静岡サレジオ中学校
⑨静岡英和女学院中学校
⑩静岡雙葉中学校
⑪静岡聖光学院中学校
⑫静岡学園中学校
⑬静岡大成中学校
⑭城南静岡中学校
⑮静岡北中学校
⑯常葉大学附属常葉中学校
　常葉大学附属橘中学校
　常葉大学附属菊川中学校
⑰藤枝明誠中学校
⑱浜松開誠館中学校
⑲静岡県西遠女子学園中学校
⑳浜松日体中学校
㉑浜松学芸中学校

## 愛知県

①［国立］愛知教育大学附属名古屋中学校
②愛知淑徳中学校
③名古屋経済大学市邨中学校
　名古屋経済大学高蔵中学校
④金城学院中学校
⑤椙山女学園中学校
⑥東海中学校
⑦南山中学校男子部
⑧南山中学校女子部
⑨聖霊中学校
⑩滝中学校
⑪名古屋中学校
⑫大成中学校
⑬愛知中学校
⑭星城中学校
⑮名古屋葵大学中学校
　（名古屋女子大学中学校）
⑯愛知工業大学名電中学校
⑰海陽中等教育学校（特別給費生）
⑱海陽中等教育学校（Ⅰ･Ⅱ）
⑲中部大学春日丘中学校
新刊⑳名古屋国際中学校

## 三重県

①［国立］三重大学教育学部附属中学校
②暁中学校
③海星中学校
④四日市メリノール学院中学校
⑤高田中学校
⑥セントヨゼフ女子学園中学校
⑦三重中学校
⑧皇學館中学校
⑨鈴鹿中等教育学校
⑩津田学園中学校

## 滋賀県

①［国立］滋賀大学教育学部附属中学校
②［県立］河瀬中学校
　　　　　守山中学校
　　　　　水口東中学校

## 京都府

①［国立］京都教育大学附属桃山中学校
②［府立］洛北高等学校附属中学校
③［府立］園部高等学校附属中学校
④［府立］福知山高等学校附属中学校
⑤［府立］南陽高等学校附属中学校
⑥［市立］西京高等学校附属中学校
⑦同志社中学校
⑧洛星中学校
⑨洛南高等学校附属中学校
⑩立命館中学校
⑪同志社国際中学校
⑫同志社女子中学校（前期日程）
⑬同志社女子中学校（後期日程）

## 大阪府

①［国立］大阪教育大学附属天王寺中学校
②［国立］大阪教育大学附属平野中学校
③［国立］大阪教育大学附属池田中学校

- ④[府立]富田林中学校
- ⑤[府立]咲くやこの花中学校
- ⑥[府立]水都国際中学校
- ⑦清風中学校
- ⑧高槻中学校（A日程）
- ⑨高槻中学校（B日程）
- ⑩明星中学校
- ⑪大阪女学院中学校
- ⑫大谷中学校
- ⑬四天王寺中学校
- ⑭帝塚山学院中学校
- ⑮大阪国際中学校
- ⑯大阪桐蔭中学校
- ⑰開明中学校
- ⑱関西大学第一中学校
- ⑲近畿大学附属中学校
- ⑳金蘭千里中学校
- ㉑金光八尾中学校
- ㉒清風南海中学校
- ㉓帝塚山学院泉ヶ丘中学校
- ㉔同志社香里中学校
- ㉕初芝立命館中学校
- ㉖関西大学中等部
- ㉗大阪星光学院中学校

## 兵庫県

- ①[国立]神戸大学附属中等教育学校
- ②[県立]兵庫県立大学附属中学校
- ③雲雀丘学園中学校
- ④関西学院中学部
- ⑤神戸女学院中学部
- ⑥甲陽学院中学校
- ⑦甲南中学校
- ⑧甲南女子中学校
- ⑨灘中学校
- ⑩親和中学校
- ⑪神戸海星女子学院中学校
- ⑫滝川中学校
- ⑬啓明学院中学校
- ⑭三田学園中学校
- ⑮淳心学院中学校
- ⑯仁川学院中学校
- ⑰六甲学院中学校
- ⑱須磨学園中学校(第1回入試)
- ⑲須磨学園中学校(第2回入試)
- ⑳須磨学園中学校(第3回入試)
- ㉑白陵中学校
- ㉒夙川中学校

## 奈良県

- ①[国立]奈良女子大学附属中等教育学校
- ②[国立]奈良教育大学附属中学校
- ③[県立]
  - 国際中学校
  - 青翔中学校
- ④[市立]一条高等学校附属中学校
- ⑤帝塚山中学校
- ⑥東大寺学園中学校
- ⑦奈良学園中学校
- ⑧西大和学園中学校

## 和歌山県

- ①[県立]
  - 古佐田丘中学校
  - 向陽中学校
  - 桐蔭中学校
  - 日高高等学校附属中学校
  - 田辺中学校
- ②智辯学園和歌山中学校
- ③近畿大学附属和歌山中学校
- ④開智中学校

## 岡山県

- ①[県立]岡山操山中学校
- ②[県立]倉敷天城中学校
- ③[県立]岡山大安寺中等教育学校
- ④[県立]津山中学校
- ⑤岡山中学校
- ⑥清心中学校
- ⑦岡山白陵中学校
- ⑧金光学園中学校
- ⑨就実中学校
- ⑩岡山理科大学附属中学校
- ⑪山陽学園中学校

## 広島県

- ①[国立]広島大学附属中学校
- ②[国立]広島大学附属福山中学校
- ③[県立]広島中学校
- ④[県立]三次中学校
- ⑤[県立]広島叡智学園中学校
- ⑥[市立]広島中等教育学校
- ⑦[市立]福山中学校
- ⑧広島学院中学校
- ⑨広島女学院中学校
- ⑩修道中学校
- ⑪崇徳中学校
- ⑫比治山女子中学校
- ⑬福山暁の星女子中学校
- ⑭安田女子中学校
- ⑮広島なぎさ中学校
- ⑯広島城北中学校
- ⑰近畿大学附属広島中学校福山校
- ⑱盈進中学校
- ⑲如水館中学校
- ⑳ノートルダム清心中学校
- ㉑銀河学院中学校
- ㉒近畿大学附属広島中学校東広島校
- ㉓AICJ中学校
- ㉔広島国際学院中学校
- ㉕広島修道大学ひろしま協創中学校

## 山口県

- ①[県立]
  - 下関中等教育学校
  - 高森みどり中学校
- ②野田学園中学校

## 徳島県

- ①[県立]
  - 富岡東中学校
  - 川島中学校
  - 城ノ内中等教育学校
- ②徳島文理中学校

## 香川県

- ①大手前丸亀中学校
- ②香川誠陵中学校

## 愛媛県

- ①[県立]
  - 今治東中等教育学校
  - 松山西中等教育学校
- ②愛光中学校
- ③済美平成中等教育学校
- ④新田青雲中等教育学校

## 高知県

- ①[県立]
  - 安芸中学校
  - 高知国際中学校
  - 中村中学校

## 福岡県

- ①[国立]福岡教育大学附属中学校（福岡・小倉・久留米）
- ②[県立]
  - 育徳館中学校
  - 門司学園中学校
  - 宗像中学校
  - 嘉穂高等学校附属中学校
  - 輝翔館中等教育学校
- ③西南学院中学校
- ④上智福岡中学校
- ⑤福岡女学院中学校
- ⑥福岡雙葉中学校
- ⑦照曜館中学校
- ⑧筑紫女学園中学校
- ⑨敬愛中学校
- ⑩久留米大学附設中学校
- ⑪飯塚日新館中学校
- ⑫明治学園中学校
- ⑬小倉日新館中学校
- ⑭久留米信愛中学校
- ⑮中村学園女子中学校
- ⑯福岡大学附属大濠中学校
- ⑰筑陽学園中学校
- ⑱九州国際大学付属中学校
- ⑲博多女子中学校
- ⑳東福岡自彊館中学校
- ㉑八女学院中学校

## 佐賀県

- ①[県立]
  - 香楠中学校
  - 致遠館中学校
  - 唐津東中学校
  - 武雄青陵中学校
- ②弘学館中学校
- ③東明館中学校
- ④佐賀清和中学校
- ⑤成穎中学校
- ⑥早稲田佐賀中学校

## 長崎県

- ①[県立]
  - 長崎東中学校
  - 佐世保北中学校
  - 諫早高等学校附属中学校
- ②青雲中学校
- ③長崎南山中学校
- ④長崎日本大学中学校
- ⑤海星中学校

## 熊本県

- ①[県立]
  - 玉名高等学校附属中学校
  - 宇土中学校
  - 八代中学校
- ②真和中学校
- ③九州学院中学校
- ④ルーテル学院中学校
- ⑤熊本信愛女学院中学校
- ⑥熊本マリスト学園中学校
- ⑦熊本学園大学付属中学校

## 大分県

- ①[県立]大分豊府中学校
- ②岩田中学校

## 宮崎県

- ①[県立]五ヶ瀬中等教育学校
- ②[県立]
  - 宮崎西高等学校附属中学校
  - 都城泉ヶ丘高等学校附属中学校
- ③宮崎日本大学中学校
- ④日向学院中学校
- ⑤宮崎第一中学校

## 鹿児島県

- ①[県立]楠隼中学校
- ②[市立]鹿児島玉龍中学校
- ③鹿児島修学館中学校
- ④ラ・サール中学校
- ⑤志學館中等部

## 沖縄県

- ①[県立]
  - 与勝緑が丘中学校
  - 開邦中学校
  - 球陽中学校
  - 名護高等学校附属桜中学校

# もっと過去問シリーズ

### 北海道

北嶺中学校
7年分（算数・理科・社会）

### 静岡県

静岡大学教育学部附属中学校
（静岡・島田・浜松）
10年分（算数）

### 愛知県

愛知淑徳中学校
7年分（算数・理科・社会）
東海中学校
7年分（算数・理科・社会）
南山中学校男子部
7年分（算数・理科・社会）
南山中学校女子部
7年分（算数・理科・社会）
滝中学校
7年分（算数・理科・社会）
名古屋中学校
7年分（算数・理科・社会）

### 岡山県

岡山白陵中学校
7年分（算数・理科）

### 広島県

広島大学附属中学校
7年分（算数・理科・社会）
広島大学附属福山中学校
7年分（算数・理科・社会）
広島学院中学校
7年分（算数・理科・社会）
広島女学院中学校
7年分（算数・理科・社会）
修道中学校
7年分（算数・理科・社会）
ノートルダム清心中学校
7年分（算数・理科・社会）

### 愛媛県

愛光中学校
7年分（算数・理科・社会）

### 福岡県

福岡教育大学附属中学校
（福岡・小倉・久留米）
7年分（算数・理科・社会）
西南学院中学校
7年分（算数・理科・社会）
久留米大学附設中学校
7年分（算数・理科・社会）
福岡大学附属大濠中学校
7年分（算数・理科・社会）

### 佐賀県

早稲田佐賀中学校
7年分（算数・理科・社会）

### 長崎県

青雲中学校
7年分（算数・理科・社会）

### 鹿児島県

ラ・サール中学校
7年分（算数・理科・社会）

※もっと過去問シリーズは
国語の収録はありません。


教英出版
〒422-8054
静岡県静岡市駿河区南安倍3丁目12－28
TEL 054-288-2131
FAX 054-288-2133
詳しくは教英出版で検索
教英出版 検索
URL https://kyoei-syuppan.net/

令和６年度

# 前　　期

# 入 学 試 験 問 題

# 国　　　語

（　５０分　）

注 意 事 項

１．試験開始の合図があるまで問題用紙を開かないでください。
２．解答は必ず解答用紙に記入してください。
３．問題用紙，解答用紙に受験番号，名前を記入してください。
４．試験終了後は各自問題用紙を持ち帰ってください。

| 受 験 番 号 | 名前 | |
|---|---|---|
| | | |

近畿大学附属広島中学校福山校

# 一　次の問いに答えなさい。

問一　各文の＝＝＝線の漢字の読みを、それぞれひらがなで書きなさい。

①　母校の講堂で式典がある。

②　長編小説を読破する。

③　友達と共同で版画をほる。

④　快い風が吹く。

問二　各文の＝＝＝線のカタカナを、それぞれ漢字に直しなさい。

①　大きなリエキをあげる。

②　乳牛をシイクする。

③　国宝のブツゾウを展示する。

④　古い家をカイチクして住む。

⑤　フタタび会長に選ばれた。

⑥　各教室にテレビをソナえる。

## 二　次の文章を読んで、後の問いに答えなさい。（設問の都合で本文を省略しているところがあります）

昔むかし、目の見えない人たちが、ゾウという生き物について感想を言い合いました。

【 ⓐ 】に触《ふ》れた人は、「ゾウはヘビのように細長い生き物だ」と言いました。ある人は、牙《きば》に触れて「ゾウは槍《やり》のような生き物だ」と叫《さけ》びました。そして、【 ⓑ 】に触《さわ》った人は、「ゾウはうちわのような生き物だ」と言いました。そして、太い足を触った人は「ゾウは木のような生き物だ」と言ったのです。

みんな正しいことを言っています。しかし、誰《だれ》一人としてゾウの本当の姿がわからなかったのです。

①私たちも目の見えない物語の人たちと、そんなに違《ちが》いはありません。

「ゾウは鼻の長い動物である」

本当に、それがゾウのすべてですか。

それでは、キリンはどうでしょう。キリンは首が長い動物……ただ、それだけですか。

それでは、シマウマはどうでしょう。バクはどうでしょう。

ゾウは、一〇〇メートルを一〇秒くらいで走ります。人間のオリンピック選手くらいの速さです。

ゾウは足の速い動物でもあるのです。

ゾウは鼻が長いというのは、ゾウの一面でしかありません。

ある人は、その形を丸いと言います。ある人はその形を三角だと言います。別の人はその形を四角だと言います。

いったい、どれが本当なのでしょうか。

それは、どれも間違いではありません。

②この形を見てください。

この形は、上から見れば丸く見えます。しかし、横から見れば、三角に見えます。別の方角からは、四角に見えます。

しかし、人は一方向からしか見ることができません。［A］、違った形に見えるのです。

人間も同じです。

あなたのことを「おとなしい人だ」と思う人がいるかもしれません、一方、あなたのことを「活発な人だ」と思う人もいるかもしれません。おそらく、そのどちらも本当です。

本当のところ私たちは、そんなに単純な存在ではありません。

しかし、人間はどうも一面を見て判断してしまいがちです。［B］、人間の脳は複雑なことは嫌《きら》いですから、できるだけ簡単に説明したくなります。

ゾウは鼻が長い動物で、キリンは首が長い動物、というような括《くく》り方で、あなたのことも「〇〇な人」と単純に納得《なっとく》したくなるのです。

それは、仕方のないことだというのも事実です。人間の脳は、あなたの複雑さなど理解したくないのです。

気をつけなければいけないのは、周りの人が一方向から見たレッテルを、あなた自身も信じてしまうことです。

［C］「おとなしい子」と他の人が思ったのは間違いではないかもしれません。しかし、それは一面でしかありません。

それなのに、みんなが思ったとおり、「おとなしい子」があなたらしさだと勘違《かんちが》いしてしまうのです。そして「おとなしい子」でなければ自分らしくないと、「おとなしい子」になっていってしまうのです。

こうして、人は「自分らしさ」を見失っていきます。

〝本当の自分〟とは違う自分に苦しくなってしまうときもあります。

そして時に人は、〝本当の自分〟らしさを自ら捨ててしまうのです。

「らしさ」って何でしょうか。

それは、まわりの人たちが作り上げた X ではないでしょうか。

他にも自分らしさを見失わせる「らしさ」があります。

上級生らしく、中高生らしく、男らしく、女らしく、お兄ちゃんらしく、優等生らしく……。

私たちのまわりにはたくさんの「らしさ」があります。

そして、その「らしさ」は、上級生らしくすべき、中高生らしくすべき、男らしくあるべき、女らしくあるべき、お兄ちゃんらしく振《ふ》る舞《ま》うべき、優等生らしく頑張《がんば》るべき……という「べき」という言葉を必ず連れてきます。

確かに、社会が期待するような「らしさ」に従うことも必要です。

D 、〝本当の自分〟らしさを探すときには、皆《みな》さんのまわりにまとわりついている「らしさ」を捨ててみることが必要なのです。

「らしさ」という※呪縛《じゅばく》を解いたときに、初めて自分の「らしさ」が見つかるのです。

もちろん、これは簡単な作業ではありません。

しかし「らしさ」を探し続けるのです。それが自分のニッチを見つけることでもあるのです。

（稲垣栄洋《いながきひでひろ》『はずれ者《もの》が進化《しんか》をつくる』ちくまプリマー新書）

※　呪縛＝心理的に自由をうばうこと

問一　【　ⓐ　】、【　ⓑ　】には、体の一部を表す言葉が入ります。それぞれ漢字一字で答えなさい。

問二　[A]～[D]に入れる語として最も適当なものを次の中から選び、それぞれ記号で答えなさい。

ア、そのため　　イ、しかし　　ウ、しかも　　エ、たとえば

問三　――線①「私たちも目の見えない物語の人たちと、そんなに違いはありません」とありますが、どのような点で違いがないのですか。本文の言葉を用いて、二十字以内で答えなさい。（句読点《くとうてん》も字数にふくみます）

問四　――線②「この形」を表す図として最も適当なものを次の中から選び、記号で答えなさい。

ア、

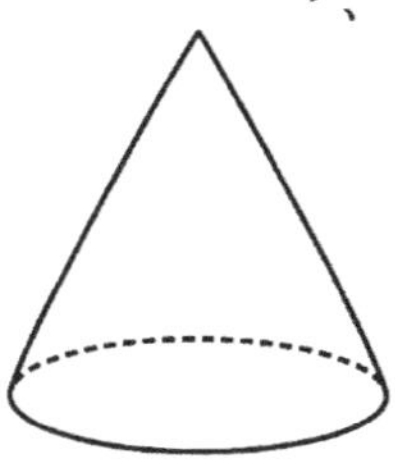

イ、

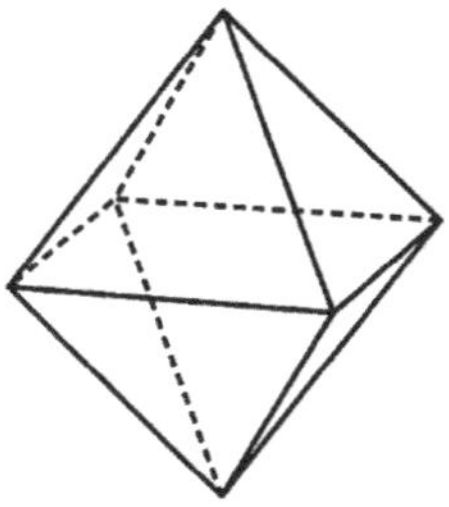

ウ、

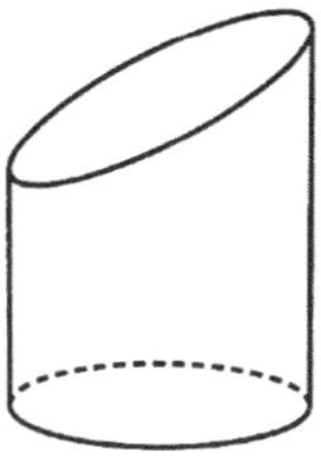

エ、

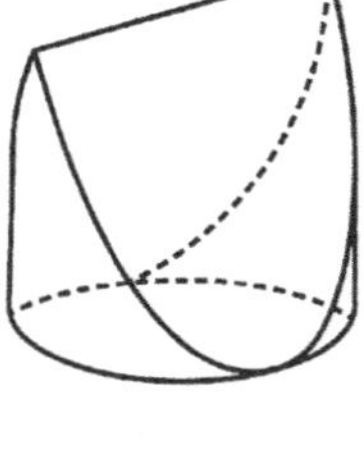

問五　[ X ] にあてはまる言葉として最も適当なものを次の中から選び、記号で答えなさい。

ア、幻想《げんそう》　イ、多様性　ウ、強さ　エ、違和感《いわかん》

問六　次の文章は、═線「ニッチ」について筆者が説明している文章です。後の問いにそれぞれ答えなさい。

たとえば、あなたが魚だったとしましょう。水の中であればスイスイと泳ぎ回るあなたも、陸の上に上げられたとたんにピチピチとはねることしかできません。陸上ではどんなに歯を食いしばって努力しても、他の生き物のように陸の上を歩くことはできません。あなたにとって大切なことは、水を探すことなのです。

あなたは自分のことをダメな存在だと思うことがあるかもしれません。しかし、本当にそうでしょうか。あなたは陸の上でもがいている魚になっていないでしょうか。

誰にも自分の力を発揮できる輝《かがや》ける場所があります。ダメなのはあなたではなく、あなたに合わない場所なのかもしれません。

持っている力を発揮できるニッチを探すことが大切なのです。

人間は、「助け合う」ということを発達させてきました。助け合いを通して、さまざまな役割分担を行い、社会を築いてきたのです。

たとえば力の強い人たちは、獲物《えもの》を獲《と》りに狩《か》りに行きます。目の良い人たちは、果物などの食べ物を探しに行きます。泳ぐのが得意な人は魚を獲り、手先の器用な人たちは道具を作ったり、調理の得意な人は食べ物を調理しま

した。神に祈《いの》る人がいたり、子どもたちの面倒《めんどう》を見る人がいたり、人間は古くから役割分担をしていたのです。そうした役割分担によって、人間社会は発達していきました。「得意な人が得意なことをする」、これが人間の作り上げた社会です。

人間の一人ひとりが、社会の中のさまざまなポジションで、さまざまな役割を果たすことは、さまざまな生物種が、生態系の中でそれぞれの役割を担っているのと同じです。

Ⅰ　「ニッチ」とはどのような場所のことですか。文章中の言葉を用いて、四十字以内で答えなさい。
（句読点も字数にふくみます）

Ⅱ　「ニッチ」についての具体的な説明として、正しく**ないもの**を次の中から一つ選び、記号で答えなさい。

ア、ミミズは足のような器官を退化させたが、それによって土の中で土を食べる生き物として最適な形に進化し、地中の土や落ち葉などを食べ土と混ぜて排泄《はいせつ》することで土を耕している。

イ、ダチョウは強い脚力《きゃくりょく》で速く走ることができ、太い足で蹴《け》り上げるキック力には猛獣《もうじゅう》たちも恐れるほどだが、空を飛ぶことができないため、空を飛ぶことができるように進化している途中《とちゅう》である。

ウ、『ドラえもん』に出てくるのび太くんは、「もしもボックス」というアイテムで「あやとりのうまさがものをいう世界」を作って、得意のあやとりで大スターとなり、弟子たちにあやとりを教えた。

エ、走るのは好きだが短距離走《たんきょりそう》は速くないので、一五〇〇メートル走という種目にしぼって練習に励《はげ》み、日本記録を更新《こうしん》することができた。

問七　筆者の考えとして最も適当なものを次の中から選び、記号で答えなさい。

ア、周りの人が自分のことを「〇〇な人」だと言っても、だいたいいつも間違いなので、反対に自分も、人のことを「〇〇な人」だとうわさしたり友達に話したりしない方が良い。

イ、周りの人が自分のことを「〇〇な人」だと言っても、勝手に決めつけて言っているだけなので、周りの人の言葉は気にする必要はなく、すべて自分で考えていくのが良い。

ウ、周りの人が自分のことを「〇〇な人」だと言っても、その人たちが自分のすべてを知っているわけではないため、それ以外の自分自身の性格については表に出さない方が良い。

エ、周りの人が自分のことを「〇〇な人」だと言っても、それがすべてではないため、自分自身について考える時には、自分の活躍《かつやく》できることから自分らしさを考えるのが良い。

## 三　次の文章を読んで、後の問いに答えなさい。

赤と白の二色に色わけされた光景を眺《なが》めているうちに、マリルウは日本の運動会のシステムがようやくわかってきた。ロニーから、三年生の四クラスのうち一組と二組は赤組で、三組と四組は白組なのだと説明されたときにはとりあえずうなずいて見せたが、じつはなにもわかっていなかった。つまり、三年生だけではなく、ほかの学年もクラス単位で赤組と白組にわけられていて、どの競技も赤組と白組で争うようになっているのだ。

フィリピンの小学校の運動会でも徒競走はあるが、そこで何位になるかは個人の問題でしかない。同じ学校の児童を赤組と白組にわけて、［　A　］敵同士であるかのように戦わせることに、いったいどんな意味があるのだろう？

マリルウはふしぎでならなかったが、げんに児童たちは赤組と白組にわかれて懸命《けんめい》に戦っていた。スピーカーから聞こえる声も、「赤組、がんばってください。白組も、がんばってください」とくりかえしている。

（中略）

ロニーがスタートの位置につき、曲げた左腕《ひだりうで》をまえに出したときにピストルが鳴った。ロニーは勢いよく走っていく。一番外側のコースなので、先頭を走っているように見えるが、コーナーを曲がりおわらなければじっさいの順位はわからない。それでもロニーが勝っているように見えて、「行けー！　ゴー、ゴー！」と、マリルウは大声で応援《おうえん》した。

「ロニーー！」とレイナも叫《さけ》んでいる。そして、本当にロニーは一位でテープを切った。

「ワオッ！　やったね！」

あまりにうれしくて、マリルウはレイナを抱《だ》きあげると頬《ほほ》にキスをした。ゴールをかけぬけたロニーも跳《と》びあがってよろこんでいる。

「おめでとう。ロニーくん、すごいじゃない」

うしろから声をかけられてふりかえると、太二《たいじ》くんのおかあさんだった。

「息子さん、いいフォームで走りますね。まだまだ速くなりそうだ」

となりの男性も笑顔で言ってくれて、マリルウはおもわず［　X　］が高鳴った。日本にきてから、こんなに晴れ晴れとした顔をした男性を見たのははじめてだった。

「ぼくは太二の父親です。みなさんのことは息子や妻から聞いていて、いつかⓐお目にかかりたいとおもっていました」

「ありがとうございます」とマリルウはお礼を言った。

そこでレイナがトイレに行きたがったので、マリルウは太二くんの両親にあいさつをして校舎にむかった。トイレをすませて校庭にもどり、ロニーをほめてあげようとおもって赤組の応援席のほうに歩いていくと、ふいにざわめきがおきた。あたりにいた小学生たちや親たちが声がするほうに顔をむけている。

胸さわぎがして、マリルウはレイナの手をにぎった。首を伸《の》ばして見ると、十メートルほど先の鉄棒のあたりにひとだかりができていて、その中心にいるのはロニーだった。水筒《すいとう》を両腕で抱きかかえて、頭をはげしくふるロニーを子どもたちがとりかこんでいる。胸や背中のゼッケンから同じ三年一組の子たちだとわかり、ロニーを助けるために進みでようとしたマリルウの肩《かた》を誰《だれ》かがつかんだ。

「　　I　　」

耳もとで言われてふりかえると太二くんのおとうさんだった。太二くんのおかあさんも一緒《いっしょ》にいる。

「ほら、担任の水野《みずの》先生がきたから、もうだいじょうぶですよ。まずは先生にまかせましょう。少ししたら、ロニーくんのおかあさんはここにいると水野先生に伝えてきますから」

太二くんのおとうさんに言われても、マリルウは心配で泣き叫びたいほどだった。［　B　］どうして、ロニーがクラスメイトからあんな目にあわされているのだろう。［　C　］、フィリピン人だということでいじめられているのだろうか？

不安のあまり、マリルウは太二くんのおかあさんに抱きついた。そのマリルウの腰《こし》にレイナがしがみついてきた。

「　　Ⅱ　　」

太二くんのおかあさんに背中をさすられて、マリルウは泣きだしそうになるのを懸命にこらえた。おそるおそる顔をあげると、すごいⓑ剣幕《けんまく》の水野先生がロニーをとりかこんでいた子どもたちを遠ざけて、そのうちのひとりから話をきいている。水野先生の顔はしだいにおだやかになったが、マリルウはⓒ気が気ではなかった。ロニーのそばには学年主任の先生がいて、肩をたたいておちつかせようとしている。

「　　Ⅲ　　」

そう言って、太二くんのおとうさんが水野先生にかけよった。そして先生の話に笑顔でうなずいている。

「　　Ⅳ　　」

右手をあげた太二くんのおとうさんに呼ばれて、マリルウはレイナと太二くんのおかあさんと一緒に水野先生のところまで歩いていった。

「こんなことになってすみません」

真っ赤なTシャツを着た水野先生にあやまられて、マリルウは事情がわからないまま頭をさげた。

「ロニーくんの水筒のなかがコーラだということで、子どもたちがさわぎだしたようなんです。子どもというのは、そういうところにはじつに［　Y　］がきくんですね」

そう言われたとたん、マリルウは自分が①とんでもない失敗をしたことがわかった。

「プリントに書くなり、電話でお伝えするなりすればよかったんですが、うちの小学校では水筒のなかは水かお茶かスポーツドリンクということになっていましてね。わたしの不手際《ふてぎわ》で、まことにもうしわけありませんでした」

「いいえ、悪いのはわたしです。すみませんでした。ロニーも、ごめんね」

そこでようやくマリルウはロニーと目をあわせた。ロニーは、うらみがましげな目つきでにらんできたので、マリルウはもうしわけなくおもってうつむいた。

「ロニーくん、そう怒《おこ》るなよ。つまり、フィリピンの運動会では、子どもたちはみんな水筒にコーラを入れてくるんだろ？」

太二くんのおとうさんにきかれて、ロニーがこわばった顔でうなずいた。

「きみはさっき一等だったから、勝利の美酒ならぬ、勝利のコーラを飲んだわけだな。　D　おいしかっただろう」

このひとは自分の味方だとわかったようで、ロニーの表情が少しおだやかになった。

「いいなあ、コーラを飲みながらの運動会か。きっと、三年一組のみんなも一度やってみたいとおもったから、コーラを持ってきたロニーくんがうらやましくて、こんなことになったんでしょう」

「　　V　　」

太二くんのおかあさんに言われて、太二くんのおとうさんが頭をかいた。

「さあ、みんな席にもどりなさい。ロニーくんは、こっちにいらっしゃい」

水野先生の指示で、三年一組の子どもたちがテントのしたの応援席にすわった。ロニーは水筒を両腕でかかえたまま水野先生のそばにきた。

「まだたくさんはいってるの？」

水野先生にきかれると、ロニーが水筒をさしだした。

「あら、こんなにたっぷり。これじゃあ、飲まないともったいないわね」

そこで水野先生がマリルウに水筒をわたした。

「もうしわけないんですが、おうちに持ってかえっていただいてもよろしいでしょうか。ロニーくんには、来賓《らいひん》の方用のお茶のペットボトルをわたしますので」

「わかりました。よろしくお願いします」

マリルウは水野先生に深々と頭をさげた。

「いいえ、こちらこそすみませんでした。今度、おりを見て、ロニーくんにフィリピンの運動会について話してもらいますね。子どもたちも、いい勉強になるとおもうんです。ロニーくん、きもちをきりかえて、赤組の優勝めざしてがんばろう」

「はい！」

ロニーが元気に返事をしたので、マリルウはようやく安心した。

（中略）

水筒のなかがコーラだと知られて、みんなに追いかけられたとき、ロニーはどんなにおそろしかっただろう。でも、そのおかげで、マリルウは太二くんの両親と親しくなれたのだし、ロニーだって三年一組のクラスメイトとこれまで以上に仲良くなれるはずだ。

――神様、願いをかなえてくださり、ありがとうございました。願わくは、赤組を優勝させてください。

そう祈《いの》りながら、マリルウは十字を切った。

（佐川光晴《さがわみつはる》『大《おお》きくなる日《ひ》』）

問一　～～～線ⓐ「お目にかかりたい」、ⓑ「剣幕」、ⓒ「気が気ではなかった」の意味として最も適当なものを次の中から選び、それぞれ記号で答えなさい。

ⓐ「お目にかかりたい」
ア、お会いしたい
イ、お話ししたい
ウ、ごちそうしたい
エ、ご一緒したい

ⓑ「剣幕」
ア、困る顔つき
イ、悲しむ顔つき
ウ、疑う顔つき
エ、怒る顔つき

ⓒ「気が気ではなかった」
ア、どうしたら良いかわからなくなるほど、うろたえた
イ、じっとしていられないほど、ひどく気がかりだった
ウ、いらいらしてしまうほど、腹立たしいばかりだった
エ、痛みを感じてしまうほど、苦しくてたまらなかった

問二　A ～ D に入れる語として最も適当なものを次の中から選び、それぞれ記号で答えなさい。

ア、まさか　　イ、さぞかし　　ウ、いったい　　エ、あたかも

問三　X 、 Y には、体の一部を示す語が入ります。 X 、 Y に入れる語として適当な漢字を、それぞれ一字で答えなさい。

問四　本文中の会話文「　Ⅰ　」～「　Ⅴ　」に入れるものとして最も適当なものを次の中から選び、それぞれ記号で答えなさい。

ア、だいじょうぶ。心配しないで
イ、どうぞ、こっちにいらしてください
ウ、おかあさんは、いまは行かないほうがいい
エ、あなた、そのへんにしてください
オ、ちょっと行ってきます

問五　——線①「とんでもない失敗」とは、誰がどのようなことをしたという失敗ですか。四十五字以内で説明しなさい。（句読点《くとうてん》も字数にふくみます）

問六　ロニーの心情はどのように変化していますか。順に並べかえ、記号で答えなさい。

ア、歓喜《かんき》　　イ、緊張《きんちょう》　　ウ、安堵《あんど》　　エ、恐怖《きょうふ》

問七　生徒A、生徒Bは、この本文を読んで次のような会話をしました。本文中から、「（　　　）」に入れるのに適当な語句がふくまれている一文をぬき出し、最初の五字を答えなさい。（句読点も字数にふくみます）

生徒A　マリルウは、赤組と白組というチームで戦うやり方を、最初は変だと思っていたんだよね。でもそのマリルウが、最後には赤組の優勝を祈っている。どうしてだろう。

生徒B　マリルウが変化したきっかけは、太二くんの両親と親しくなれたことだね。相手の喜びや苦しみに共感したり、相手を助けたり、相手のことをよく知ったり。

生徒A　そうか、そういう体験が仲間としての意識を強くしたんだね。

生徒B　だからマリルウは、ロニーも三年一組のクラスメイトと仲良くなれると考えるようになったんだね。

生徒A　今回のトラブルでロニーも日本のやり方を知ったはずだし、クラスメイトもロニーの行動の理由を知ったはずだからね。

生徒B　本文の中に「（　　　）」と書いてあるよ。お互《たが》いの国や文化をもっと理解して、将来、三年一組は、きっと良いチームになっていくと思うよ。

令和６年度

# 前　　期
# 入　学　試　験　問　題

# 算　　　　数

（　５０分　）

注　意　事　項

１．試験開始の合図があるまで問題用紙を開かないでください。
２．解答は必ず解答用紙に記入してください。
３．問題用紙，解答用紙に受験番号，名前を記入してください。
４．試験終了後は各自問題用紙を持ち帰ってください。

| 受験番号 | 名前 | |
|---|---|---|
| | | |

近畿大学附属広島中学校福山校

〔1〕 次の計算をしなさい。

（1） $83-19+25$

（2） $2024\times3\div2$

（3） $8+312\div3$

（4） $\frac{1}{2}+\frac{3}{4}-\frac{7}{8}$

（5） $2.5+3.25\times 0.4$

（6） $\left(3.125+\dfrac{3}{8}\right)\div 1.4\times 28$

（7） $22.4\times 1.5+5.6\times 4-11.2\times 4$

（8） $\left\{(1.9+5)\times\dfrac{2}{5}-\dfrac{3}{5}\right\}\div 9$

〔2〕 次の各問いに答えなさい。

（1） 原価800円の品物に15％の利益を見込んで定価をつけました。定価はいくらですか。

（2） AさんとBさんが，まわりの長さが203 mの池を同時に同じ地点から出発し，同じ向きにまわります。Aさんは毎分62 m，Bさんは毎分55 mの速さで進みます。AさんがBさんより1周多くまわってBさんに追いつくのは出発してから何分後ですか。

（3） ある学年の生徒数は162人で，そのうちの $\frac{5}{18}$ が自転車で通学しています。この学年の生徒のうち，自転車で通学していない生徒は何人ですか。

（4） 下の図は，直角二等辺三角形を２つ組み合わせた図形です。

かげのついた部分の面積は何$cm^2$ですか。

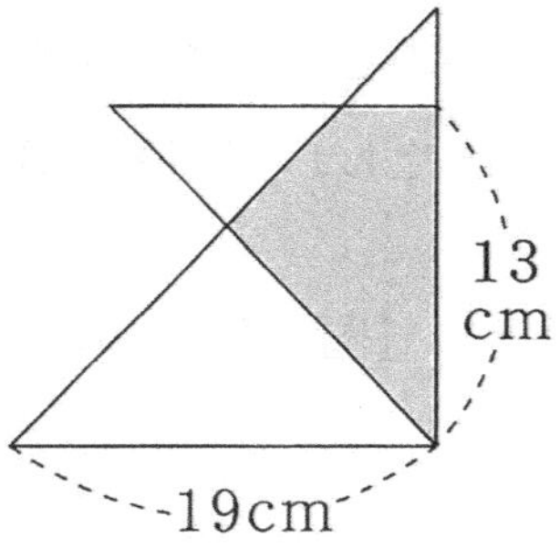


（5） 兄と弟が２人合わせて1400円持っています。兄が弟に300円わたすと２人の金額が同じになりました。兄ははじめ何円持っていましたか。

（6） 50から100までの整数の中で，偶数をすべて足した結果から，奇数をすべて足した結果を引くといくらになりますか。

〔3〕 一辺の長さが３cmの正五角形と半径３cmの円が下の【図１】～【図３】のように組み合わさっています。

このとき，次の各問いに答えなさい。

ただし，円周率は3.14とします。

（1）【図１】のかげのついた部分の面積は何cm$^2$ですか。

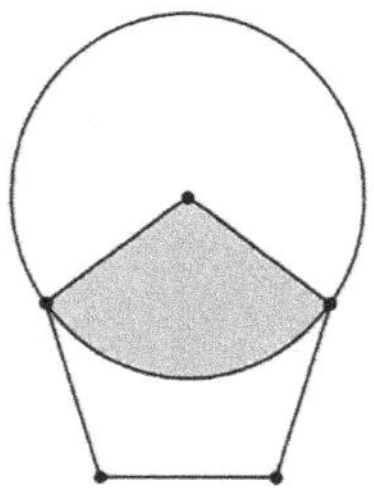

【図１】

（2）【図２】のかげのついた部分のまわりの長さは何cmですか。

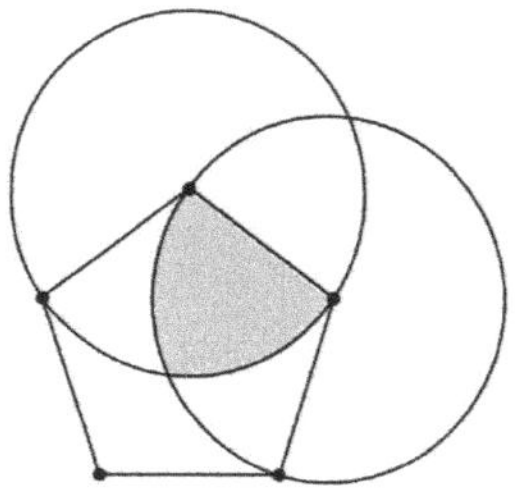

【図２】

（3）【図３】のかげのついた部分のまわりの長さは何cmですか。

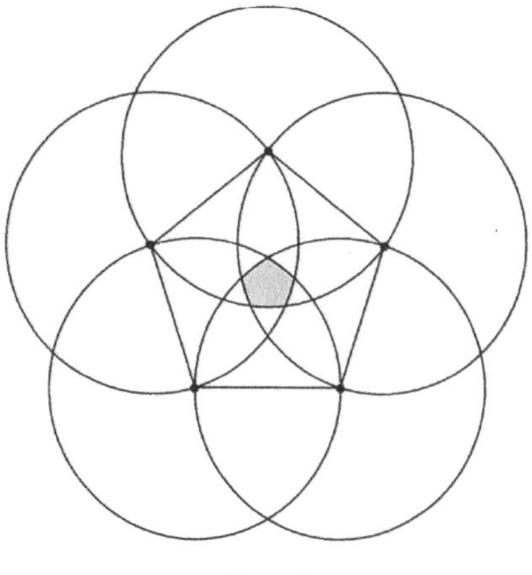

【図３】

〔4〕 次のような規則にしたがって分数が並んでいます。

$\frac{1}{1}$, $\frac{1}{3}$, $\frac{2}{3}$, $\frac{3}{3}$, $\frac{1}{5}$, $\frac{2}{5}$, $\frac{3}{5}$, $\frac{4}{5}$, $\frac{5}{5}$, $\frac{1}{7}$, $\frac{2}{7}$, $\frac{3}{7}$, ……, $\frac{7}{7}$, $\frac{1}{9}$, …

このとき，次の各問いに答えなさい。

（1） 左から数えて50番目の分数は何ですか。

（2） $\frac{3}{17}$ は左から数えて何番目の分数ですか。

（3） 1から30までの整数の中で一番大きい素《そ》数《すう》が分母となる分数をすべて足すといくらになりますか。ただし，素数とは1とその数以外の約数をもたない数です。(例：2，3，5，7，11など)
途《と》中の計算も書きなさい。

〔5〕 Aさん，Bさん，Cさんが同時に家を出発し，同じ道を通って学校へ向かいます。Aさん，Bさん，Cさんの速さはそれぞれ毎分100m，100m，150mです。Cさんは出発してから6分後に本屋に5分間立ち寄り，その後同じ速さで4分進み学校に着きました。Bさんは家を出発してから2分後に忘れ物に気づき，同じ速さで家に帰って忘れ物を受け取った後すぐに毎分200mで学校に向かい，Aさんに追いついてからは毎分100mで学校に向かいました。下の【図1】，【図2】は，3人が同時に出発してからの時間と，AさんとCさんの間の道のり，BさんとCさんの間の道のりの関係を表したグラフです。

このとき，次の各問いに答えなさい。

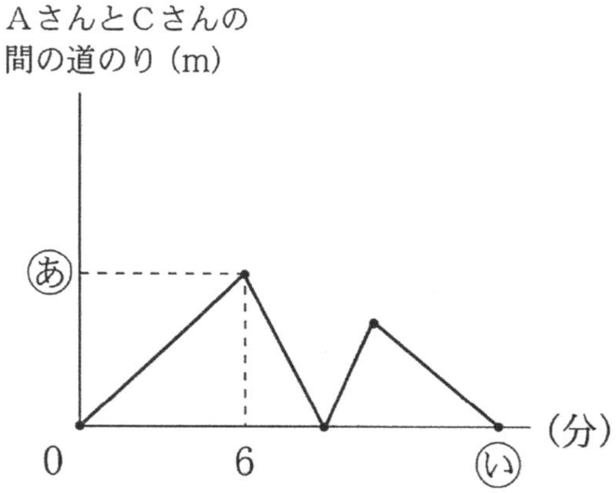


【図1】

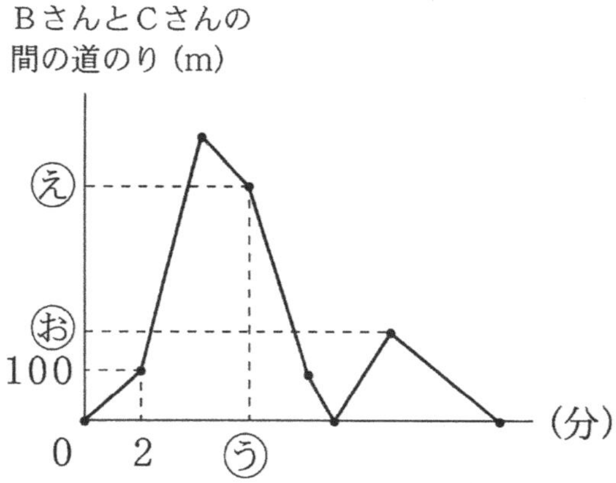


【図2】

（1） 家と学校の間の道のりは何mですか。

（2） あ～おに当てはまる数は何ですか。

令和６年度

# 前期

# 入学試験問題

# 理科

（２５分）

注意事項

１．試験開始の合図があるまで問題用紙を開かないでください。
２．解答は必ず解答用紙に記入してください。
３．問題用紙，解答用紙に受験番号，名前を記入してください。
４．試験終了後は各自問題用紙を持ち帰ってください。

| 受験番号 | 名前 | |
| --- | --- | --- |
| | | |

近畿大学附属広島中学校福山校

問題は，次のページから始まります。

1　植物と動物について，以下の問いに答えなさい。

Ⅰ．植物について，以下の問いに答えなさい。

（問１）養分をたくわえる場所がインゲンマメと同じ植物を（ア）～（エ）から２つ選び，記号で答えなさい。

| | | | |
|---|---|---|---|
| （ア）アサガオ | （イ）イネ | （ウ）トウモロコシ | （エ）クリ |

（問２）花のつくりがホウセンカと同じ植物を（ア）～（エ）から１つ選び，記号で答えなさい。

| | | | |
|---|---|---|---|
| （ア）タンポポ | （イ）アサガオ | （ウ）ヒマワリ | （エ）サクラ |

（問３）葉の大きさや数がほぼ同じホウセンカの枝を用意し，それぞれＡ～Ｄの処理をしました。

Ａ：葉をすべて切り取り，切り口にワセリンをぬる。
Ｂ：葉の表側にワセリンをぬる。
Ｃ：葉の裏側にワセリンをぬる。
Ｄ：なにもしない。

Ａ～Ｄそれぞれを，水を入れたメスシリンダーにさし，水の表面に油をうかべました。３時間後，減少した水の量をはかると，Ａ：0.5$cm^3$，Ｂ：3.5$cm^3$，Ｃ：2.0$cm^3$，Ｄ：5.0$cm^3$でした。このとき，葉の表側からの蒸《じょう》散量は葉の裏側からの蒸散量の何倍か，小数第１位まで答えなさい。

Ⅱ．動物について，以下の問いに答えなさい。

（問４）アゲハチョウの幼虫が何の葉を食べるか，あてはまるものを（ア）～（カ）から２つ選び，記号で答えなさい。

| | | | |
|---|---|---|---|
| （ア）ミカン | （イ）バラ | （ウ）キャベツ | （エ）スミレ |
| （オ）ホウセンカ | （カ）レモン | （キ）ダイコン | （ク）ジャガイモ |

（問５）頭と胸と腹の区分がアゲハチョウとちがう生き物を（ア）～（エ）から１つ選び，記号で答えなさい。

| | | | |
|---|---|---|---|
| （ア）アリ | （イ）ダンゴムシ | （ウ）セミ | （エ）トンボ |

（問６）こん虫の名前と冬越《こ》しの方法の組み合わせがまちがっているものを（ア）～（エ）から１つ選び，記号で答えなさい。

| | |
|---|---|
| （ア）カマキリ・卵 | （イ）モンシロチョウ・さなぎ |
| （ウ）テントウムシ・幼虫 | （エ）ミツバチ・成虫 |

２　以下の問いに答えなさい。

Ⅰ．３本の試験管に水溶《よう》液Ａ，水溶液Ｂ，水溶液Ｃがそれぞれ入っています。水溶液Ａ～Ｃは，（ア）水酸化ナトリウム水溶液，（イ）うすい塩酸，（ウ）アンモニア水，（エ）炭酸水，（オ）食塩水，（カ）石灰水のいずれかです。以下の問いに答えなさい。

【実験１】水溶液Ａ～Ｃのにおいをかいだところ，Ａはつんとしたにおいがした。

【実験２】水溶液Ａ～Ｃに二酸化炭素を通したところ，Ｂは白くにごった。

【実験３】水溶液Ａ～ＣにＢＴＢ溶液を加えたところ，Ａは黄色，Ｃは緑色に変化した。

（問１）水溶液Ａ，水溶液Ｂ，水溶液Ｃは，（ア）～（カ）のどの水溶液か，それぞれ記号で答えなさい。

（問２）水溶液ＢにＢＴＢ溶液を加えると何色に変化するか答えなさい。

Ⅱ．【表１】は，温度〔℃〕と水１００ｇにとかすことのできるミョウバンの重さ〔ｇ〕の関係を表しています。

【表１】

| 温度〔℃〕 | ０ | ２０ | ４０ | ６０ |
|---|---|---|---|---|
| ミョウバン〔ｇ〕 | ６ | １２ | ２４ | ５８ |

（問３）６０℃の水３００ｇに１００ｇのミョウバンをとかしました。その後，２０℃に冷やすと，とけきれずに出てきたミョウバンは何ｇか答えなさい。

（問４）４０℃の水２５０ｇにミョウバンをとかせるだけとかし飽和水溶液を作りました。数日後，２０℃になった水溶液の重さをはかると，水が５０ｇ蒸《じょう》発していることがわかりました。このとき，とけきれずに出てきたミョウバンは何ｇか答えなさい。

# 3　以下の問いに答えなさい。

Ⅰ．月の形が変わっていくようすを調べるために，日ぼつ直後から見える月の位置とそのときの形を観察して，記録しました。【図1】は，あるときの月の位置をスケッチしたものです。

【図1】

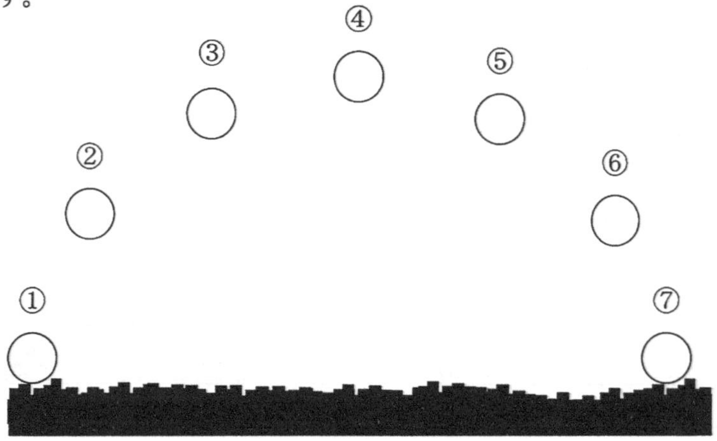


（問1）月は，どちらの方角からのぼり，どちらの方角へしずみましたか。次の文中の（①），（②）にあてはまる方角の組みあわせを（ア）～（エ）から1つ選び，記号で答えなさい。

『月は（　①　）の方角からのぼり，（　②　）の方角へしずんでいった。』

| | |
|---|---|
| （ア）①　東　②　南 | （イ）①　西　②　北 |
| （ウ）①　西　②　東 | （エ）①　東　②　西 |

（問2）満月を観察したとき，月が【図1】の④の位置に見えるのはいつごろですか。（ア）～（エ）から1つ選び，記号で答えなさい。

| | |
|---|---|
| （ア）明け方ごろ | （イ）正午ごろ |
| （ウ）夕方ごろ | （エ）真夜中ごろ |

（問3）【図2】のような半月を観察したとき，午後6時ごろに見えた位置はどれですか。もっとも正しいものを【図1】の①～⑦から1つ選び，番号で答えなさい。

【図2】

Ⅱ．砂，どろ，れきの混ざった土と水を使って，【図３】のように実験をしました。何回か水を流し込むと水そうの中のようすは【図４】のようになりました。

【図３】

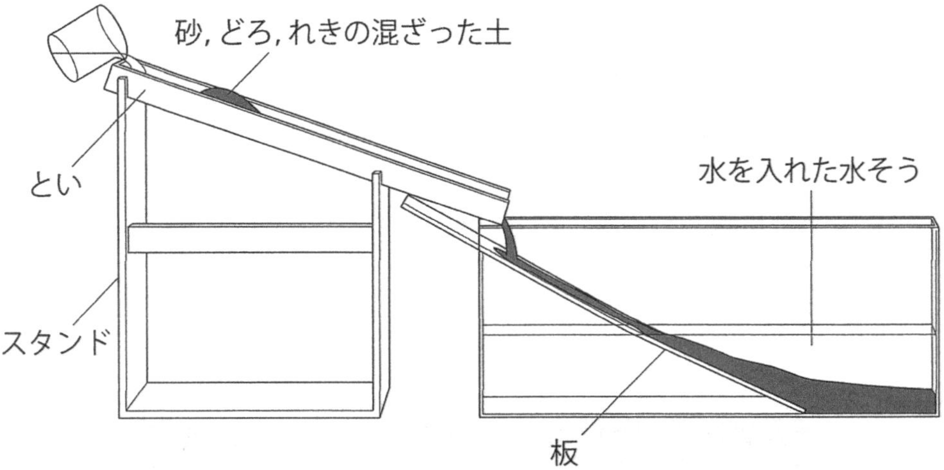


【図４】

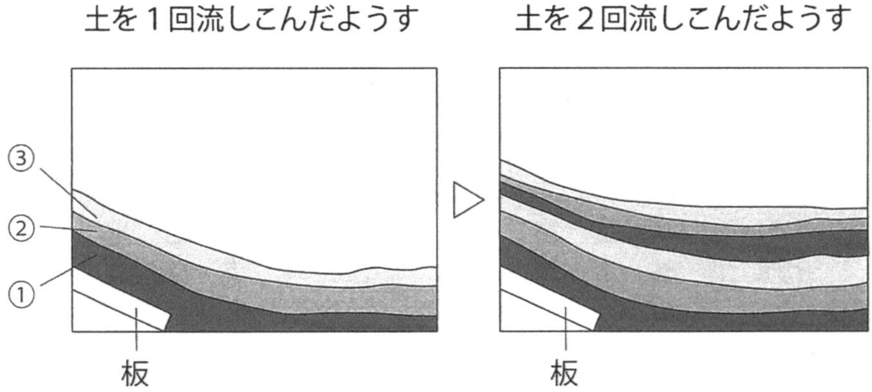


（問４）【図４】のように，水そうの中を観察すると土がしま模様に重なっていました。このようにいろいろなつぶが層になって重なったものを何といいますか。漢字で答えなさい。

（問５）【図４】のしま模様の土の層について，どのように重なっていますか。（ア）～（エ）から１つ選び，記号で答えなさい。

| | |
|---|---|
| （ア）①れき　②砂　③どろ | （イ）①砂　②れき　③どろ |
| （ウ）①どろ　②砂　③れき | （エ）①砂　②どろ　③れき |

(問6) がけなどでこのような層になった土を観察すると，れきはまるみを帯びていました。このことについて説明した次の文中の（ア），（イ）にあてはまる語句を答えなさい。

『(　ア　) のはたらきで(　イ　) がけずられたから，れきはまるみを帯びている。』

4 以下の問いに答えなさい。

Ⅰ．長さ２０ｃｍの軽い棒の両端に，重さがそれぞれ１０ｇと３０ｇの２つの容器ＡとＢを取り付けました。ただし，棒の重さは考えないものとします。

（問１）【図５】のように棒の中央にばねはかりをつるしたところ，棒がかたむいたため，片方の容器に水を加え，棒を水平にしました。どちらの容器に何ｇの水を加えたか答えなさい。

【図５】

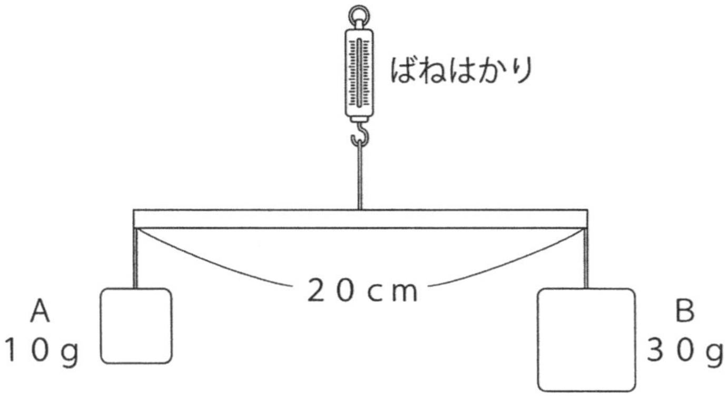


（問２）（問１）のとき，ばねはかりは何ｇを示しているか答えなさい。

（問３）ばねはかりを棒の中央につるしたまま，（問１）で加えた水をとりのぞき，【図６】のように手で支えて棒を水平にしました。このとき，ばねはかりは何ｇを示しているか答えなさい。

【図６】

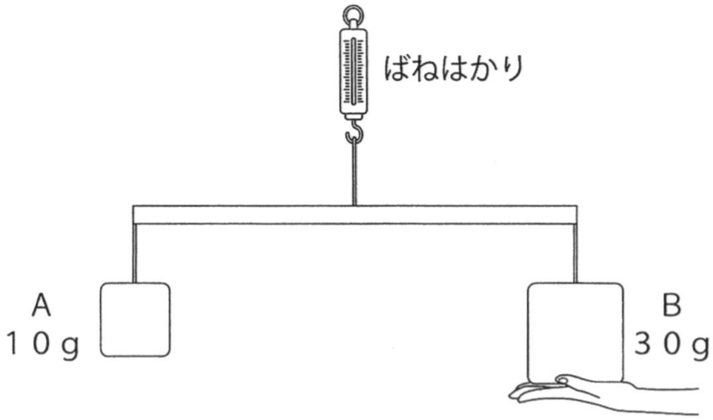


（問４）ばねはかりを棒の中央から容器Ａの方へ４ｃｍずらし，容器Ａに水を７４ｇ入れ，容器Ｂにも水を入れて棒を水平にしました。このとき，ばねはかりは何ｇを示しているか答えなさい。

Ⅱ．電磁石について，以下の問いに答えなさい。

（問５）鉄しんを入れたコイルに乾《かん》電池をつないで電磁石を作りました。電磁石のＮ極とＳ極を入れかえるにはどうすればよいか，正しいものを（ア）～（エ）から１つ選び，記号で答えなさい。

（ア）コイルの巻き数を増やす。
（イ）コイルの巻き数を減らす。
（ウ）乾電池の＋極と－極を逆にする。
（エ）鉄しんの向きを逆にする。

（問６）コイルに鉄しんを入れ，乾電池を３個つなぎました。クギがもっとも多くついた乾電池のつなぎかたを（ア）～（ウ）から１つ選び，記号で答えなさい。

（ア）　　（イ）　　（ウ）

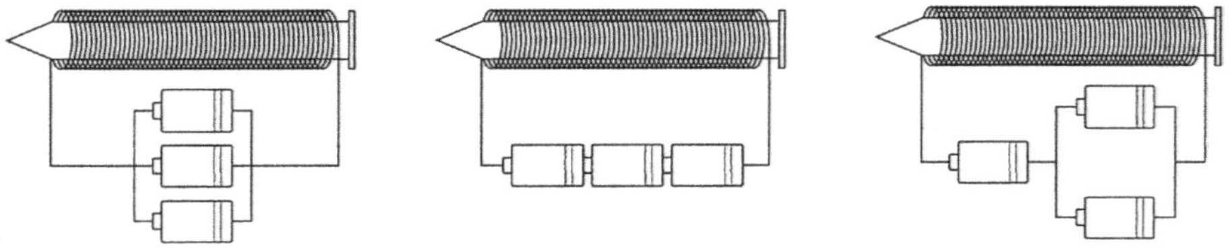

令和６年度

# 前　期
# 入　学　試　験　問　題

# 社　　会

（　２５分　）

注　意　事　項

1．試験開始の合図があるまで問題用紙を開かないでください。
2．解答は必ず解答用紙に記入してください。
3．問題用紙，解答用紙に受験番号，名前を記入してください。
4．試験終了後は各自問題用紙を持ち帰ってください。

| 受験番号 | 名前 | |
|---|---|---|
| | | |

近畿大学附属広島中学校福山校

問題は，次のページから始まります。

1　日本の国土，自然，人々のくらしについて，あとの各問いに答えなさい。

問１　日本の地域区分は，社会のしくみや歴史的背景，地理的条件によって，さまざまな区分方法があります。例えば，（　あ　）県は，中部地方に区分されることが多いですが，気象庁の地方予報区分では関東甲信《こうしん》地方となります。また，一般的に（　い　）地方に区分される（　う　）県は，四日市市などが（　え　）工業地帯にふくまれることから，工業の面においては中部地方に区分されるといえます。文章中の空欄《くうらん》（　あ　）～（　え　）にあてはまる県名・地方名・工業地帯名を，それぞれ漢字で答えなさい。
なお，（　あ　）・（　う　）・（　え　）については，あとの各文にあてはまるものを答えなさい。

（　あ　）県…　富士山や甲府盆地などがある，海のない県
（　う　）県…　伊勢神宮や志摩半島がある県
（　え　）工業地帯…　日本でいちばん工業生産額が多い工業地帯

問２　日本にある世界遺産について，つぎの各問いに答えなさい。

（１）世界遺産がある都道府県としてまちがっているものを，つぎのア．～エ．より１つ選び，記号で答えなさい。

ア．北海道　　イ．東京都　　ウ．岡山県　　エ．鹿児島県

（２）青森県と秋田県にまたがっている世界自然遺産の名前を答えなさい。

問３　伊能忠敬は，測量を重ねた末に，同じ子午線上の緯度１度あたりの距離を２８．２里（１１０．７４ｋｍ）と算出しました。これは，現在の計測値にきわめて近い数値です。忠敬が算出した数値を使って，子午線に沿った地球一周の距離［ｋｍ］を求める計算式を答えなさい。

問４　つぎの①～⑥は，沖縄の家または寒い地域の家にみられるくふうです。

①　屋根がわらをしっくいで固める。　②　屋根の角度を急にする。
③　戸を広くする。　④　二重まどにする。
⑤　屋根の上に貯水《ちょすい》タンクを置く。　⑥　大きな灯油タンクを置く。

（1）このうち「沖縄の家」にみられるくふうのひとつに①があります。①以外の「沖縄の家」にみられるくふうをすべて選び，番号で答えなさい。

（2）「沖縄の家」で①のくふうがされている理由を，簡単に説明しなさい。

２　２０２３年のできごとについて，あとの各問いに答えなさい。

問１　４月，少子高齢《こうれい》化による人口減少に歯止めがかからない日本において，こどもの最善の利益を第一とし，こどもの視点に立った当事者目線の政策を強力に進めていくことをめざした政府の機関として「こども（　　　）庁」が発足しました。文中の空欄にあてはまる語句を，漢字で答えなさい。

問２　４月の統計において，今まで人口世界第２位だった国が，中国を抜いて，人口世界第１位になるとされました。この国の名前を答えなさい。

問３　５月，日本国内において，「Ｇ７サミット（先進国首脳会議）」が開催《かいさい》されました。

（１）日本のどの都市で開催されましたか。都市名を答えなさい。

（２）「Ｇ７」の国のうち，つぎの①・②の説明文にあてはまる国の名前を，それぞれ答えなさい。

①　日本と同じ島国で，日本と同盟を結んだことがある。２０２２年にエリザベス女王が死去し，チャールズ国王が即位《そくい》した。２０２３年にＴＰＰ（環《かん》太平洋経済連携《れんけい》協定）に参加することが決まった。

②　１７８９年におこった革命では，自由と平等を規定した人権宣言が出された。２０２３年にラグビーのワールドカップが開催された。２０２４年にはこの国の首都で夏のオリンピックが開催されることになっている。

問４　５月に新型コロナウィルス感染症がインフルエンザと同じ扱いになり，各地でコロナ以前と同じような規模で花火大会や祭りなどが行われるようになりました。日本の祭りとその祭りが行われる都道府県の組み合わせとしてまちがっているものを，つぎのア．～エ．より１つ選び，記号で答えなさい。

ア．ねぶた祭り（青森県）　　　イ．よさこい祭り（北海道）
ウ．阿波おどり（徳島県）　　　エ．竿燈《かんとう》まつり（秋田県）

| 受験番号 | 名前 |
| --- | --- |
| | |

# 令和6年度　前期　近畿大学附属広島中学校福山校入学試験　国語　解答用紙

## 一

問一　①　②　③　④

問二　①　②　③　④　⑤　⑥

得点

## 二

問一　ⓐ　ⓑ

問二　A　B　C　D

問三

問四

問五

問六　I

〔4〕

(1) 

(2) 番目

(3) 

〔5〕

(1) m

(2)

| | | | | | | | | | |
|---|---|---|---|---|---|---|---|---|---|
| ㋐ | | ㋑ | | ㋒ | | ㋓ | | ㋔ | |

| 総　得　点 |
|---|
| ※100点満点<br>（配点非公表） |

3

| | | | |
|---|---|---|---|
| 問1 | | 問2 | |
| 問3 | | | |
| 問4 | | 問5 | |
| 問6 | （ア） | （イ） | |

| 得　点 |
|---|
| |

4

| | | | |
|---|---|---|---|
| 問1 | 容器　　　に　　　g | 問2 | g |
| 問3 | g | 問4 | g |
| 問5 | | 問6 | |

| 得　点 |
|---|
| |

| 総　得　点 |
|---|
| ※50点満点<br>（配点非公表） |

| 問2 | 1 | 2 | 3 | 4 | |
|---|---|---|---|---|---|
| 5 | | 6 | 7 | 問3 | |

| 得　点 |
|---|
| |

4

| 問1 | (1) | (2) | 問2 | (　　　) → (　　　) → (　　　) |
|---|---|---|---|---|
| 問3 | | 問4 | 問5 | |

| 得　点 |
|---|
| |

| 総　得　点 |
|---|
| ※50点満点<br>(配点非公表) |

| | |
|---|---|
| 受験番号 | |
| 名　　前 | |

# 令和６年度　前期　近畿大学附属広島中学校福山校　入学試験　社　会　解答用紙

1

| | | | | | |
|---|---|---|---|---|---|
| 問1 | あ | い | う | え | |
| 問2 | (1) | (2) | 問3 | | |
| 問4 | (1) | (2) | | | |

| |
|---|
| 得　点 |
| |

2

| | | | | | | |
|---|---|---|---|---|---|---|
| 問1 | | 問2 | | 問3 | (1)　　　　市 | (2)① |
| ② | | 問4 | | | | |

| |
|---|
| 得　点 |
| |

【解答】

| 受験番号 | |
| --- | --- |
| 名　　前 | |

# 令和６年度　前期　近畿大学附属広島中学校福山校　入学試験　理　科　解答用紙

1

| | | | | |
| --- | --- | --- | --- | --- |
| 問1 | | | 問2 | |
| 問3 | 倍 | | | |
| 問4 | | | 問5 | |
| 問6 | | | | |

| 得　点 |
| --- |
| |

2

| | | | | |
| --- | --- | --- | --- | --- |
| 問1 | 水溶液Ａ | 水溶液Ｂ | | 水溶液Ｃ |
| 問2 | 色 | 問3 | g | |
| 問4 | g | | | |

| 得　点 |
| --- |
| |

【解答

| 受験番号 | |
|---|---|
| 名　　前 | |

# 令和６年度　前期　近畿大学附属広島中学校福山校　入学試験　算　数　解答用紙

〔1〕

(1)
(2)
(3)
(4)
(5)
(6)
(7)
(8)

〔2〕

(1) 円
(2) 分後
(3) 人
(4) $cm^2$
(5) 円
(6)

〔3〕

(1) $cm^2$
(2) cm
(3) cm

三

問一
ⓐ
ⓑ
ⓒ

問二
A
B
C
D

問三
X
Y

問四
Ⅰ
Ⅱ
Ⅲ
Ⅳ
Ⅴ

問五

問六
↓
↓
↓

問七

得点

総得点
※100点満点
（配点非公表）

問七

3　今年の冬休みの宿題は，「グループになって，歴史上の人物にインタビューをする動画を撮影する」というものでした。つぎの文章は，グループＡ～Ｆがそれぞれ作った動画のセリフです。これを読んで，あとの各問いに答えなさい。

グループＡ

インタビュアー：あなたは天下を取られましたが，一時期は危なかったときもあったそうですね？

人物①：信長殿《どの》が（　１　）の変で明智光秀によって討ち取られてしまったとき，私は数名の家臣だけ連れて堺《さかい》にいたのですよ。いや～あのときは危なかった。伊賀《いが》の忍《しの》びである服部半蔵《はっとりはんぞう》や豪《ごう》商の茶屋四郎次郎《ちゃやしろうじろう》の助けがなければ，三河国《みかわのくに》にもどれなかったかもしれません。

インタビュアー：（　２　）の戦いでは，戦いは長期化して西軍有利と見られていましたが，１日で勝利をおさめられましたね？

人物①：戦いがはじまる１年前から多くの大名たちに手紙を送っておいたことが良かったと思います。小早川秀秋の寝《ね》返りが大きかったですな。

グループＢ

インタビュアー：「君死にたもうことなかれ」という詩はどんな心境でうたわれたのですか？

人物②：私の弟が（　３　）戦争に出兵すると聞き，いてもたってもいられなくなってうたったのです。

インタビュアー：弟さんですか？　ご主人ではなくて？

人物②：よく勘違《かんちが》いされるのですが，弟ですよ。１９０５年に戦争が終わったあと，無事生きてもどってきてくれました。

グループC

インタビュアー：あなたの描いた浮世絵は，多くの人々に買い求められたそうですね。

人物③：そうですね～。私は絵師なので，絵を描くのが仕事ですが，その後，彫《ほ》り師が色ごとに版木に絵を彫り，さらに刷り師が色を重ねて一枚の絵に完成させるというやり方で，大量に同じ絵が印刷されるというしくみですね。おみやげものとしてたくさん売れたそうです。

インタビュアー：富士山の絵でしたかね？

人物③：いやいや，富士山の絵は北斎さんで，私は東海道にある五十三の宿場町の風景を描いたのですよ。

インタビュアー：それは，失礼をいたしました。

グループD

インタビュアー：あなたは，日本一大きなお墓に埋葬《まいそう》された人ですか？

人物④：そうですね。仁徳天皇と呼ばれていますよ。私の墓は，仁徳天皇陵《りょう》古《こ》墳《ふん》。別名（　４　）古墳といいます。

インタビュアー：あなたが生きているうちからつくったのでしょうね？

人物④：そうですね。完成までに工事期間は１５年と８ヵ月，費用は現在の価値で７９６億円かかったといわれていますよ。

インタビュアー：あなたのお墓を含めた百舌鳥・古市古墳群は，２０１９年に世界遺産に登録されましたよ。

グループE

インタビュアー：初の政党内閣を組閣した時の気持ちはどんなものでしたか？

人物⑤：「うれしい。やったぞ。」というよりは，「伊藤博文たちに試されるのだな。」と感じましたよ。

私が作った（　５　）と，自由民権運動を中心的に指導してきた（　６　）くんがつくった自由党が協力して組閣したのですが，やはり長くは続きませんでしたな。

インタビュアー：でもあなたのめざした政治には近づいたでしょうし，日本の国際的な地位も高まったといえる活やくをされたのではないでしょうか。

グループF

インタビュアー：あなたは，歴史上有名な人物ですか？

人物⑥：いや～，わしはただの村人だよ。とても食生活が安定して喜んでおるよ。

インタビュアー：それはどうしてですか？

人物⑥：前の時代のように動物や魚をとったり，木の実を集めたりして生活するのは，とれないときが続くと大変だけど，一粒の種が１０倍以上の収穫《しゅうかく》につながる米を作るようになってからはなあ。米は保存ができるしなあ。

インタビュアー：石包丁や木製農具を使って栽培《さいばい》するのですね。ところで，このあたりは九州地方の北に位置すると思いますが，何というところですか？

人物⑥：福岡県の（　７　）といわれているね。今は（　７　）遺跡になっているよ。

インタビュアー：ありがとうございました。

問１　グループＡ～Ｃ・Ｅがインタビューした人物①～③と人物⑤はだれですか。それぞれ，答えなさい。

問２　文章中の空欄（　１　）～（　７　）にあてはまる語句・人物名を，それぞれ答えなさい。

問３　グループＦがあつかった時代は何時代ですか。つぎのア.～エ. より１つ選び，記号で答えなさい。

ア. 縄文時代　　イ. 弥生時代　　ウ. 飛鳥時代　　エ. 奈良時代

4　日本の政治について，あとの各問いに答えなさい。

問１　日本国憲法について，つぎの各問いに答えなさい。

（１）下の資料は，日本国憲法の三大基本原理の一つを説明しています。この資料が示す基本原理を，漢字４字で答えなさい。

> 『あたらしい憲法のはなし』
> 六　戦争の放棄
> 　こんどの憲法では，日本の国が決して二度と戦争をしないように，二つのことを決めました。その一つは，兵隊も軍隊も飛行機も，およそ戦争をするためのものは，いっさいもたないということです。
> 　（中略）もう一つは，よその国と争いごとがおこったとき，決して戦争によって，相手をまかして，自分のいいぶんをとおそうとしないということを決めたのです。

（２）日本国憲法についての記述として正しいものを，つぎのア．～ウ．より１つ選び，記号で答えなさい。

ア．日本国憲法は，第二次世界大戦後の連合国軍による日本の民主化を進める改革の１つとして制定された。

イ．日本国憲法によって，国民が主権者となり，その地位は日本国の象徴《ちょう》であるとされた。

ウ．日本国憲法は，働くこと（勤労），税金をおさめること，選挙で投票することを国民の三大義務として定めている。

問２　次のア．～ウ．のできごとを，年代の古い順に並び替えなさい。

ア．サンフランシスコ平和条約を結んだ日に，日米安全保障条約が結ばれた。

イ．第二次世界大戦後の世界の平和を守るためにつくられた国際連合へ加盟した。

ウ．普通選挙法が改正され，女性議員が誕生した。

問３　都道府県や市区町村の政治についての記述としてまちがっているものを，つぎのア．～ウ．より１つ選び，記号で答えなさい。

ア．都道府県や市区町村は，道路や施設の整備，高齢者や障がいのある人のための福祉事業，学校の設置などの仕事をおこなっている。

イ．都道府県や市区町村の政治を進める知事や市区町村長は，その地域に住んでいる２０歳以上の住民による選挙によって選ばれている。

ウ．都道府県や市区町村の政治に必要なお金は，住民から集めた税金や，国からの補助などによってまかなわれている。

問４　国会と内閣についての記述として正しいものを，つぎのア．～ウ．より１つ選び，記号で答えなさい。

ア．国会は，国の進む方向を決める機関で，話し合いは，衆議院と参議院のそれぞれでおこない，多数決で決めている。

イ．内閣は，国会が決めた法律や予算をもとに，実際に政治をおこなう立法機関である。

ウ．国会議員や内閣総理大臣，各省などの長である国務大臣は，国民の選挙によって選ばれている。

問５　日本の裁判についての記述としてまちがっているものを，つぎのア．～ウ．より１つ選び，記号で答えなさい。

ア．２００９年から，国民の普段の生活の感覚を裁判に取り入れ，国民の裁判に対する理解と信頼を深めようと，裁判員制度が廃止された。

イ．裁判所は，国会が決めた法律や，内閣がおこなう政治が憲法に違反していないかどうかを判断している。

ウ．裁判は，最高裁判所，高等裁判所，地方裁判所，家庭裁判所，簡易裁判所のいずれかの裁判所でおこなわれる。

令和５年度

# 前　期

# 入 学 試 験 問 題

# 国　　語

（　５０分　）

注 意 事 項

１．試験開始の合図があるまで問題用紙を開かないでください。
２．解答は必ず解答用紙に記入してください。
３．問題用紙，解答用紙に受験番号，名前を記入してください。
４．試験終了後は各自問題用紙を持ち帰ってください。

| 受験番号 | 名前 | |
|---|---|---|
| | | |

近畿大学附属広島中学校福山校

2023(R5) 近畿大学附属広島中福山校
K 教英出版

# 一 次の問いに答えなさい。

問一 各文の＝＝＝線の漢字の読みを、それぞれひらがなで書きなさい。

① 皮下脂肪の厚さを測る。
② かぜで出席を断る。
③ 略式ですませる。
④ 要領よくまとめる。

問二 各文の＝＝＝線のカタカナを、それぞれ漢字に直しなさい。

① 経費をサンシュツする。
② 命のオンジンと再会する。
③ 山頂からの景色はカクベツだ。
④ 委員会をショウシュウする。
⑤ 庭の植木にヒリョウをやる。
⑥ ヨケイなお世話だ。

二　次の文章を読んで、後の問いに答えなさい。ただし設問の都合で省略や改変をしているところがあります。

俳句と短歌はよく似た短詩形の文学ですが、二つの間にはかなり大きな差があります。言うまでもなく、短歌は五七五七七の三十一音、俳句は五七五の十七音です。この音数の差は決定的で、短歌はその中で喜びや悲しみを直接言葉にする余裕があるのに対して、俳句にはそのゆとりがないのです。（ア）これをたとえて、短歌は音楽に近く、俳句は写真や絵画に近いという人もいます。（イ）

そうは言っても、たった十七音で風景を描《えが》くのですから、事細かに描写《びょうしゃ》することなどとうていできません。（ウ）当然のように、省略が必要になってきます。（エ）この省略を頭の中で補って、描かれた風景を脳裏《のうり》に再現することができるかどうか。（オ）①これが俳句の鑑賞《かんしょう》の第一歩であると言えるでしょう。

早速《さっそく》、次の句を例に考えてみましょう。

絶えず人いこふ夏野の石一つ　　正岡子規《まさおかしき》　『子規句集』

季語は「夏野」、夏のひらけた野原を思ってください。旧かな遣《づか》いで書かれている「いこふ」は漢字で書けば「憩《いこ》う」で、「休憩《きゅうけい》する」の意味の動詞です。もう一つ、俳句の基本的な用語を説明しておきましょう。俳句の五七五を三分割したとき、この句の場合、最初の「絶えず人」の部分を上五《かみご》、次の「いこふ夏野の」を中七《なかしち》、最後の「石一つ」を下五《しもご》と言います。

さあ、この句はどんな風景を詠《よ》んだものか、頭の中で想像してみてください。中学生に授業でこの句を鑑賞させてみると、だいたい次の二つの読みが出てきます。

A、夏野には絶えず大勢の人が休んでいる。その夏野に一つの石が落ちている。

B、夏野に沿った道に大きな石が一つある。その石に旅人が絶えず入れ替わり休んでいる。

皆さんは、どちらの読みをしましたか。文法的に、中七の「いこふ」が［　X　］を修飾《しゅうしょく》していると考えればA

の読み、[Y]に掛《か》かると考えればBの読みになります。文法的にはどちらも間違《まちが》いではありませんので、それだけではA・Bどちらかに決めることはできません。

問題は、どちらの読みがこの句の鑑賞としてより面白いかということです。②作者がどこにいてどんな視点でこの句を詠んでいるのかを想像してみるとよいでしょう。Aの読みだとすると、この石はさほど大きな石でなくてもよいわけですから、作者自身が夏野の中に休んでいて、そのすぐ脇《わき》に一つの石を発見したという風景になります。一方、Bの読みだとすると、作者は少し離《はな》れたところから夏野道に置かれた大きな石を見ている構図になるでしょう。その石に腰《こし》かけて休んでは旅立ってゆく旅人たちを遠く眺《なが》めているという風景です。

どちらの方が、この句の鑑賞として面白いかと言えば、明らかにBの読みだと思われます。なぜなら、そうでなければ「石一つ」という下五に意味がなくなってしまうからです。Aの発見を詠むならば、「絶えず人いこふ夏野[Z]石一つ」と助詞を変えた方が意味ははっきりしますし、そもそも発見したものが「石」である必然性が感じられません。一方、Bの読みは、多くの旅人を休ませて見送ってきた夏野の石の存在に主眼を置いた鑑賞になっています。そのように考えれば、最後の「一つ」という数詞も利《き》いてくることがわかるでしょう。

俳句鑑賞の第一歩は、このように句に描かれた風景を脳裏に思い浮かべてみることにあります。（中略）

次に、切字《きれじ》「かな」を用いた句を見てみましょう。

金亀子《こがねむし》擲《なげう》つ闇《やみ》の深さかな　　高浜虚子《たかはまきょし》『虚子全集』

この句の季語は「金亀子」、かなぶんの仲間で夏の季語です。その下の「擲つ」という動詞は、強く投げるという意味です。まずは、この句がどのような場面を詠んだものかを考えてみましょう。

ヒントは「金亀子」という昆虫の習性にあります。こがねむし、かなぶんなどの甲虫は、夜になると灯りを目がけて飛んできます。現代の都会ではちょっと考えられないかもしれませんが、昔はエアコンなどもなく窓を開け放っていましたから、家の中にこがねむしが飛び込《こ》んできてしまったのでしょう。作者はそれを捕まえて、窓の外へ強く放り投げた（＝擲った）のです。さあ、③その後このこがねむしはどうなったでしょうか。

それを考える上でポイントになるのが、後半の「闇の深さかな」という部分です。もし、放り投げたこがねむしが隣《となり》の家の壁にあたって鈍い音を立てたりしたら、「闇の深さ」という把握《はあく》にはならなかったでしょう。おそらく、このこがねむしは真っ暗な闇の中へすうっと音も立てずに消えていったのではないでしょうか。そこで気付いた夏の夜の「闇の深さ」が、この句における作者の感動の中心なのです。それを表しているのが、句末に置かれた「かな」という切字の働きです。（中略）

続いては、切字「けり」を用いた句を見てみましょう。

④いくたびも雪の深さをたづねけり　　　　正岡子規　『子規句集』

この句の季語は雪、言うまでもなく冬の季語です。まずは、これまでのようにこの句の場面を想像してみてください。「いくたびも」は漢字で書けば「幾度《いくたび》も」ということですから、作者は何度も何度も雪の深さを「たづね」（＝尋ね）たのです。今どのくらい雪が積もったかを、なぜ自分で外に出て確かめなかったのでしょうか。誰《だれ》かに尋ねるくらいなら、自分で確かめた方が早いはずです。そうしなかったのは、自分で確かめられない事情があったからだということに連想が働くことが、この句の鑑賞上のポイントです。

作者は怪我をしていて歩けなかったのではないか、あるいは病気で寝ていたのではないか。そんな想像が働いた人は大正解です。実は、正岡子規は晩年、脊椎《せきつい》カリエスという結核性の重い病気を患《わずら》って、何年も寝たきりの生活をしていたのです。子規の看病は、ずっとお母さんと妹がしていました。そんな寝たきりの生活の中でも、子規は俳句への情熱を失うことはありませんでした。雪が降れば、硝子《がらす》戸越《どこ》しにそれを見ながら、どのぐらい積もったかが気になって仕方なかったのでしょう。家族を呼んでは、何度も繰《く》り返し雪の深さを尋ねたのです。尋ねずにはいられないその気持ちこそが、この句における感動の中心になっています。

つまり、「けり」という切字も「かな」と同様、そこに感動の中心があることを表す切字だと言えます。そして、「けり」を用いたこの句も※「一物《いちぶつ》仕立て」であることがわかります。

「かな」と「けり」は、働きのよく似た切字ですが、では使い方の違いはどこにあるのでしょうか。

虚子の句で「かな」の上に来ているのは、「深い」（文語では「深し」）という形容詞から派生した名詞「深さ」です。「かな」は、多くの場合、名詞に接続する切字です。一方、子規の句で「けり」の上に来ているのは、「尋ねる」（文語では「たづぬ」）という動詞の連用形です。「けり」は、多くの場合、動詞に接続する切字なのです。

つまり、名詞に感動の中心がある場合は「かな」を、動詞に感動の中心がある場合は「けり」を用いる、というのが一般的な使い分けになっています。

ちなみに、先程《さきほど》の虚子の句を「けり」を使って次のように書き換《か》えたら、印象はどう変わるでしょうか。

　金亀子闇の深さへ擲ちけり

この形だと、こがねむしを放り投げたという行為《こうい》に句の中心が移ることになります。「闇の深さ」は初めから作者の認識の中にあったことになってしまうでしょう。虚子の感動は、「闇の深さ」の発見にあるわけですから、これでは句の内容が大きく変わってしまうことになります。（中略）

「かな」や「けり」を用いた句を読む場合には、こんなところを気にしながら鑑賞してみてください。

（佐藤郁良《さとういくら》『俳句《はいく》を楽《たの》しむ』岩波ジュニア新書）

※　・「一物仕立て」＝上五から下五までが一続きで、季語のことだけを詠んだ句のこと

問一　X、Yに入る語を、「絶えず人いこふ夏野の石一つ」の俳句の中からそれぞれぬき出して答えなさい。

問二　Zに入る助詞として、最も適当なものを次の中から選び、記号で答えなさい。

ア、が　　イ、は　　ウ、も　　エ、に

問三　本文には、次の一文がぬけています。入るところとして最も適当なものを（ア）～（オ）の中から選び、記号で答えなさい。

| |
|---|
| つまり、俳句は十七音で風景を切り取った文学であると言えるでしょう。 |

問四　――線①「これ」が指示することを、本文中から二十二字でぬき出して答えなさい。
（句読点《くとうてん》も字数にふくみます）

問五　――線②「作者がどこにいてどんな視点でこの句を詠んでいるのか」とありますが、A、Bそれぞれの読みの場合、作者はどこにいると考えられますか。A、Bそれぞれについて最も適当なものを、次の図の中のア～エから選び、記号で答えなさい。

ア、近くの小高いところ
イ、遠くの高い山の頂上
ウ、夏野にある石の上
エ、夏野にある石のそば近く

問六　――線③「その後このこがねむしはどうなったでしょうか」について、生徒と先生が会話をしています。
この会話をもとに、後の問いに答えなさい。

生徒A　この問いについて、筆者は答えを推測してるよね。[Ⅰ]という言葉から始まる一文だよ。
生徒B　そうだね。でも、こがねむしのその後が、どうして「闇の深さ」という話に結びつくんだろう?
先　生　ポイントは「音」じゃないかな?
生徒B　どういうことですか?
先　生　放り投げられたこがねむしが音を立てるということは、何を意味していると思いますか?
生徒B　音を立てるということは……何かに当たるということですか?
先　生　そうです!　「こがねむし」が投げられた先が、何かでさえぎられて行き止まりになっているということです。では音がしないということは……?
生徒A　そうか!　[Ⅱ]ということになるんですね!
先　生　そういうことです。だから「闇の深さ」という話につながっていくというわけですね。

（1）[Ⅰ]に入る言葉を本文中から五字以内でぬき出しなさい。
（2）[Ⅱ]に入る内容として最も適当なものを次の中から選び、記号で答えなさい。

ア、音がしないことによって、こがねむしが死んでしまったような悲しい感じがする
イ、音がしないことによって、こがねむしが溶け込みそうなほど真っ暗な感じがする
ウ、音がしないことによって、こがねむしの行方がわからないほど闇が続く感じがする
エ、音がしないことによって、こがねむしが消えてしまったような不気味な感じがする

問七　―――線④「いくたびも雪の深さをたづねけり」を「いくたびもたづぬる雪の深さかな」と変えた時、俳句の中心はどのように変化しますか。「最初の句は…だが、後の句は…になった。」という形式で六十字以内で説明しなさい。（句読点も字数にふくみます）

三

「うた部」に所属する「桃子《ももこ》（私）」は、「いと先輩《せんぱい》」「清《せい》ら先輩」「業平《なりひら》先輩」「綾美《あやみ》」とチームを組んで、和歌の大会に出場しています。「桃子」と「綾美」は連歌部門の選手です。次の文章を読んで、後の問いに答えなさい。

「続いて連歌です。『うた』、もしくは『うたう』を、上《かみ》の句か下《しも》の句どちらかに使ってください」

私は綾美を見た。緊張《きんちょう》しているのか綾美は手もとばかり見ている。

立ちあがって礼を交わし、着席する。連歌の題が出た時点で、私は頭の中で考えていた。下の句を作る綾美に、なるべく時間をあげたくて。

座ったままその十七文字を一度ノートに書く。おかしなところはないか。綾美が続けやすいか。よし、これでいいと、心の中で①自答する。

立ちあがったとき、壁《かべ》に背中をつけたままこちらを見ている※彩《あや》の姿が目に入った。ホワイトボードの前に進み出る。先輩たちの作った歌が目に飛び込《こ》んで、気合も入る。

ここで勝たなければ負けてしまう。勝っていと先輩に最後を託《たく》したい。

『うたうとは小さないのちひろいあげ』

難波江《なばえ》先生がいつも言ってる。うたうとは、喜怒哀楽《きどあいらく》という「種」に、水や養分や光を与《あた》え命を育ませる。そういう意味だ。種は命。あとは綾美がこの歌に、どういう花を咲《さ》かせてくれるか。

喜怒哀楽の中に埋《う》もれてしまうのではなく、そこから育って咲く花が、きっとある。

席に座ろうとすると綾美が立ちあがった。私は綾美にマーカーを渡《わた》そうとした。その瞬間《しゅんかん》だった。

「あれ？　あの娘《こ》、引きこもってたんじゃなかったの？」

小さな声だった。けれど、静まりかえった教室には十分に響《ひび》き渡《わた》った。

手渡したはずのマーカーが、落ちて転がった。

綾美の手が震《ふる》えていた。

声をかけたかったけど、話しかけた時点で失格だ。補助員が［ A ］歩み寄り、別のマーカーを渡してくれた。綾美はホワイトボードの前で、忘れた言葉を思い出そうとしているように見えた。

座って、さっき声がしたあたりを見る。見覚えのある顔はない。

※秀麗《しゅうれい》はすでに上の句の女子生徒に続き、下の句を男子が書き綴《つづ》っている。

綾美の手が動き、何か書き付けて、すぐに消してしまった。

どうしたんだろう。さっきの声に動揺《どうよう》してしまったのか。いやそれ以前に、私の上の句が続けづらかったのかも。

綾美がまた何か書きかけて消した。気のせいか顔色まで悪く見えてくる。心臓の打つ音が次第に強く速くなる。ふとこの教室の電灯が明る過ぎる気がした。

突然《とつぜん》誰《だれ》かが咳《せ》き込みだす。［ B ］我慢《がまん》しようと、ひんひん喉《のど》の奥《おく》を鳴らす。最後に我慢できず、けんけんと咳き込みながら退室した。

集中力、大丈夫《だいじょうぶ》かな？

「あと一分です」

突然、補助員の女子生徒が声を上げる。

清らさんがひざを叩《たた》きながら、何か伝えようとしてる。

なんでもいいから［ C ］書いて。

たぶんそんなことだろう。

②綾美は最後にもう一度、マーカーのキャップを外し、ホワイトボードに向かったけど、一瞬振《ふ》り向き私を見ると、そ

のまま何も書こうとはしなかった。（中略）

照明灯はあっても、それほど明るくない。星を観察するための施設《しせつ》だから、当然かもしれない。足もとに気をつけながら、綾美と手をつないで歩く。もともとは天文観測の施設も建てられるはずが、予算が削減《さくげん》され、公園だけになったという。先生は星見台《ほしみだい》公園の成り立ちを説明するけど、私は綾美がどうしてここへ来たのか、そちらのほうが気になる。

階段状になった坂道を登りきると、突然、ⓐ暗闇《くらやみ》と星空だけの空間に出た。宇宙の子どもになった気がした。

広い芝生《しばふ》の上に、私たちは頭を中心にして放射状に寝転《ね》がった。星が心の内側にまで入り込んで輝《かがや》く。輝きは街から眺《なが》める星のそれとは違《ちが》って、空には星磨《みが》き職人がいて、ひとつずつ星を磨いて回っているような、そんな気がする。

「半月のわりに、星が［　D　］見えるんですね」

業平先輩が言うと、

「半月は満月の八パーセントしか光の量がないんですよ」

綾美が答えた。まだ南のほうにある半月はこれからゆっくりと西へ向かう。天気が下り坂なのだろうか、仲間からはぐれてきたようなまだら雲が、月の前をよぎる。昔私がこれを羊雲と呼ぶと、羊雲は秋の雲だと綾美が教えてくれた。そして、羊雲が現れると雨になるということも。

「桃子、私やっと見つけたんだよ」

綾美が不意に言った。

「今日大会で、桃子があんなに素敵な上の句を詠《よ》んでくれて……私、絶対に自分で納得できる下の句を付けたかったの。一度書きかけて、すぐに、あっ違うと思っちゃった。あそこから頭の中が、ぐじゃぐじゃになっちゃって。でも、適当に書くことだけはしたくなかった。先輩たちからも、いっぱいいい言葉をもらったぶん、ⓑとってつけた言葉じゃなくて、自分の言葉で下の句を続けたかった。結果、できずに負けちゃったけど。先輩ごめんなさい」

「そんなのいいよ」

いと先輩の声が、頭の上からした。

草と土の匂《にお》いを風が運ぶ。

清らさんが、「あ、流れ星」とつぶやいた。

「だから、駅で別れてからもずうっと歩き回って、下の句を探したんだ。夜までには絶対に探し出して、ⓒ披露《ひろう》したかった。『うたうとは小さないのちひろいあげ』。あの上の句を、何度か繰《く》り返してるうちに、気づいたの。今まで生きてきた中で、一番幸せだったときのことを思い出してみようって。そうしたら、桃子とここでこうして、星空を見あげたときのことを思い出して、気がついたら、バスに乗ってたの」

「キャンプのときだったよね」

小学校六年の夏だ。すぐそばにキャンプ場があって、人工池で、魚の手づかみをした。そして夜は星空観察。

「ねぇ、桃子、上の句をもう一度言ってみて」

「えっ？」

「ようやくできたの。納得いく下の句が」

先生も先輩たちも、ずっと黙《だま》って話に耳を傾《かたむ》ける。

綾美が私の手を握《にぎ》った。

雲が流れて月を隠《かく》した。

私は星に語りかけるように詠んだ。

「うたうとは小さないのちひろいあげ……」

「……宇宙へ返すぬくもりをそえ」

綾美の指先からそのぬくもりが、力強さと一緒《いっしょ》に伝わってきた。

私が初めからもう一度詠み始めると、綾美も声を重ねた。

『うたうとは小さないのちひろいあげ宇宙へ返すぬくもりをそえ』

（村上《むらかみ》しいこ『うたうとは小《ちい》さないのちひろいあげ』）

※・彩＝桃子の友達

※・秀麗＝対戦相手の学校

問一　～～～線ⓐ「放射状」、ⓑ「とってつけた言葉」、ⓒ「披露したかった」の意味として最も適当なものを次の中から選び、それぞれ記号で答えなさい。

ⓐ「放射状」

ア、一点を中心に四方八方へ伸《の》び出た形
イ、たくさんのものが長く連なる形
ウ、中心点を共有する複数の円の形
エ、両手両足を大の字に広げた形

ⓑ「とってつけた言葉」

ア、人への思いやりがない言葉
イ、意味がわかりにくい言葉
ウ、美しさに欠ける言葉
エ、不自然でわざとらしい言葉

ⓒ「披露したかった」

ア、練習したかった
イ、発表したかった
ウ、納得したかった
エ、説明したかった

問二　［　A　］～［　D　］に入れる語として最も適当なものを次の中から選び、それぞれ記号で答えなさい。

ア、けっこう　　イ、なんとか　　ウ、すぐに　　エ、とにかく

問三　――線①「自答」は、ある四字熟語の一部です。次の空欄《くうらん》に適当な漢字を入れて、四字熟語を完成させなさい。

［　］［　］自答

問四　生徒A、生徒Bは、この本文を読んで次のような会話をしました。空欄に入れるのに適当な語句を五十字以内で答えなさい。（句読点《くとうてん》も字数にふくみます）

生徒A　この物語を読むまで、連歌というものを知らなかったよ。
生徒B　でも、桃子と綾美が連歌部門の選手になって何をしようとしているかは、本文から読み取れるよ。
生徒A　そうだね。それに、この物語に描《えが》かれた大会のルールも読み取れるね。
生徒B　連歌部門の選手は、［　　　　　　］という行動を求められているね。

問五　――線②「綾美は最後にもう一度、マーカーのキャップを外し、ホワイトボードに向かったけど、一瞬振り向き私を見ると、そのまま何も書こうとはしなかった」について、後の問いに答えなさい。

（1）「桃子」はその理由をどのように考えていますか。理由を二つ、それぞれ二十五字以内で答えなさい。
（句読点も字数にふくみます）

（2）「綾美」はその理由をどのように考えていますか。理由を説明した次の文の（　Ⅰ　）～（　Ⅲ　）に適当な言葉を補って、文を完成させなさい。ただし、（　Ⅰ　）は二字、（　Ⅱ　）は五字、（　Ⅲ　）は八字で、それぞれ本文中からぬき出して答えなさい。（句読点も字数にふくみます）

| |
|---|
| 綾美は、桃子が書いた（　Ⅰ　）な言葉に対して、（　　Ⅱ　　）を使った（　　　Ⅲ　　　）をどうしても作りたいと考え、いい加減にしたくなかったから。 |

令和５年度

# 前　期
# 入 学 試 験 問 題

# 算　　数

（　５０分　）

注　意　事　項

1．試験開始の合図があるまで問題用紙を開かないでください。
2．解答は必ず解答用紙に記入してください。
3．問題用紙，解答用紙に受験番号，名前を記入してください。
4．試験終了後は各自問題用紙を持ち帰ってください。

| 受験番号 | 名前 | |
| --- | --- | --- |
| | | |

近畿大学附属広島中学校福山校

＃教英出版 編集部　注
**編集の都合上、計算用紙は省略しています。**

〔1〕 次の計算をしなさい。

（1） 123－56

（2） 37×33

（3） $\frac{2}{7} \div \frac{3}{4}$

（4） 21＋14×5

(5)　$0.625\times\frac{1}{2}\div1\frac{2}{3}$

(6)　$\frac{7}{16}\times\left(\frac{13}{21}-\frac{1}{3}\right)+\frac{1}{4}$

(7)　$32.4\times\frac{1}{7}+64.8\times\frac{1}{14}-16.2\times\frac{4}{7}$

(8)　$\frac{1}{6}+\frac{16}{25}\times\left(0.25-\frac{1}{12}\right)\div0.32$

〔2〕 次の各問いに答えなさい。

（1） 7で割ると商と余りが同じになる整数のうち最も大きい整数は何ですか。

（2） ある池の周りをA君とB君が同時に同じ地点から同じ方向に歩くことにしました。A君は時速5kmで，B君は時速4kmで歩いたところ，30分後に初めてA君がB君に追いつきました。このとき，池の1周の道のりは何mですか。

（3） 仕入れ値が400円の品物に30％の利益を見込んで定価をつけましたが，その後，定価の10％引きで売りました。割引後の売り値はいくらですか。

（4） Ａさんとｂさんが２人で取り組むと15日間かかる仕事があります。はじめは２人で10日間取り組み，残りをＡさんだけで取り組むと８日間かかりました。この仕事をＡさん１人で取り組むと何日間かかりますか。

（5） 下の図で四角形ABCDは正方形です。㋐の角度は何度ですか。

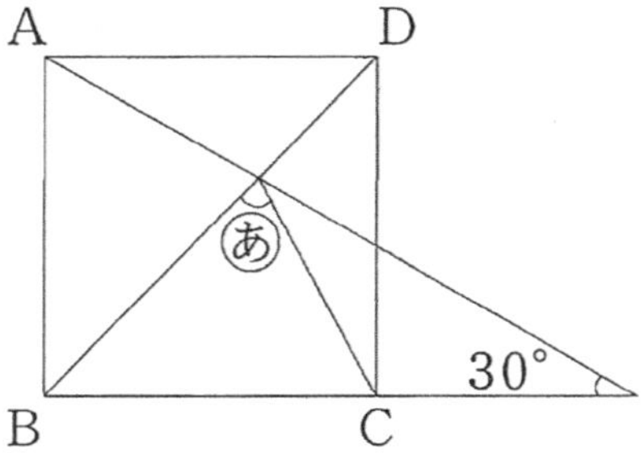


（6） ７人の生徒について，それぞれの身長から145cmを引くと，下のようになりました。７人の身長の平均は何cmですか。

| |
|---|
| 3，13，9，1，0，22，15 |

（単位はcm）

〔3〕 $\frac{1}{2}$, $\frac{1}{4}$, $\frac{3}{4}$, $\frac{1}{8}$, $\frac{3}{8}$, $\frac{5}{8}$, $\frac{7}{8}$, $\frac{1}{16}$, $\frac{3}{16}$, $\frac{5}{16}$, …, $\frac{15}{16}$, $\frac{1}{32}$, …

のように，あるきまりにしたがって分数をならべました。また，分母が同じ分数でグループを作り，左から順に，第１グループ，第２グループ，…とします。

例えば，第３グループは，「$\frac{1}{8}$, $\frac{3}{8}$, $\frac{5}{8}$, $\frac{7}{8}$」となります。

このとき，次の各問いの□にあてはまる数をそれぞれ答えなさい。

（１） 先頭の $\frac{1}{2}$ から，10番目の $\frac{5}{16}$ までの分数をすべてたすと［(あ)］になります。

（２） 第５グループには分母が［(い)］の分数が［(う)］個ならびます。

（３） 第５グループにある分数をすべてたすと［(え)］になります。

〔4〕 下の図のように，一辺の長さが12cmの正方形から四すみを切り取り，いろいろな直方体の展開図を考えることにしました。

このとき，次の各問いに答えなさい。

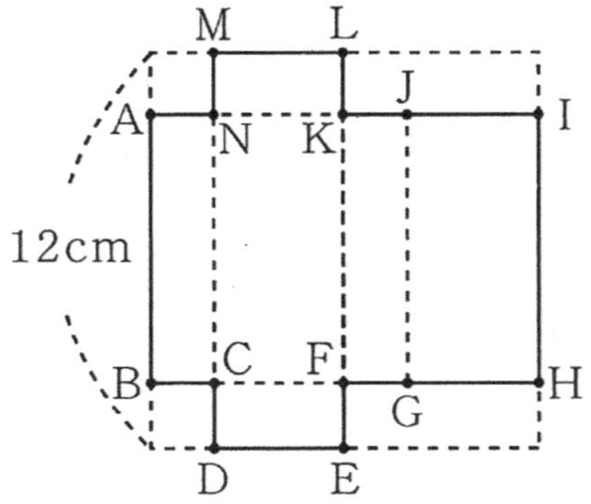


（1） 展開図を考えると，ANの長さには限りがあることがわかりました。例えば，ANの長さは8 cmにすることはできません。ANの長さは何 cm よりも小さくする必要がありますか。

（2） ANの長さを2 cmになるように四すみを切り取ったとき，MLの長さは何cmですか。

（3）（2）で組み立てた直方体の体積は，ANの長さを3 cmになるように四すみを切り取って作った直方体の体積より何cm$^3$大きいですか。

〔5〕 直方体の容器に，小さなとびら付きの仕切りを底面に垂直に立て，あの部分といの部分に分けます。図１はその容器を正面から見たものです。あの部分に，水を毎秒３$cm^3$の割合で64秒間入れ続け，その途中で仕切りのとびらを開けます。とびらから水は一定の割合で流れるものとします。

図２はあ，いそれぞれの水面の高さと時間との関係を表しています。

このとき，次の各問いに答えなさい。

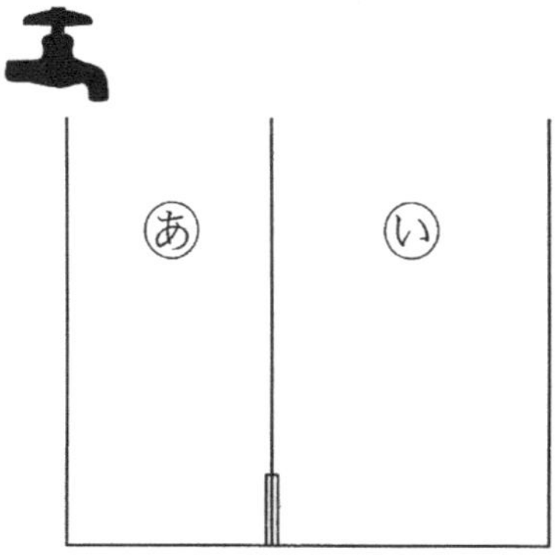


〔図１〕

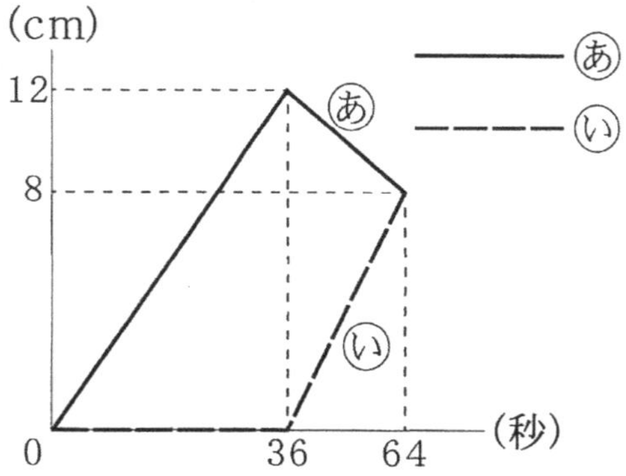


〔図２〕

（1） 容器のあの部分の底面積は何$cm^2$ですか。

（2） 容器のいの部分の底面積は何$cm^2$ですか。

（3） 36秒から64秒の間について，あの部分からいの部分に毎秒何$cm^3$の割合で水が移動しましたか。

途《と》中の式なども書きなさい。

令和５年度

# 前　　期

# 入　学　試　験　問　題

# 理　　　　科

（　２５分　）

注　意　事　項

1．試験開始の合図があるまで問題用紙を開かないでください。

2．解答は必ず解答用紙に記入してください。

3．問題用紙，解答用紙に受験番号，名前を記入してください。

4．試験終了後は各自問題用紙を持ち帰ってください。

| 受験番号 | 名前 | |
|---|---|---|
| | | |

近畿大学附属広島中学校福山校

# 1 植物と動物について，以下の問いに答えなさい。

Ⅰ.【図１】はヘチマのお花とめ花の模式図《もしきず》です。以下の問いに答えなさい。

【図１】

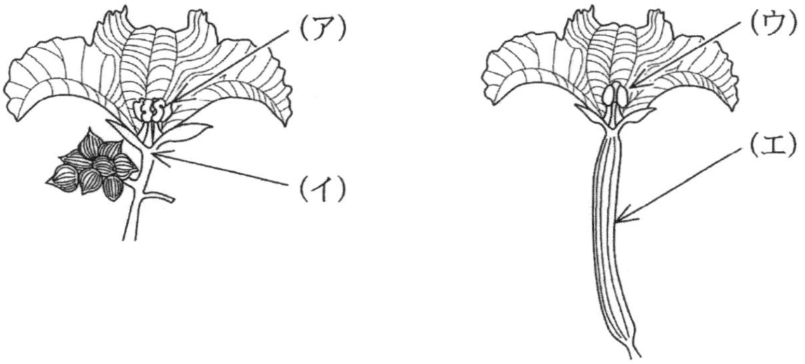


(問１) ヘチマの花粉がつくられる場所を，【図１】の（ア）～（エ）から１つ選び，記号で答えなさい。

(問２) ヘチマの花粉を顕《けん》微鏡《びきょう》で観察しました。ヘチマの花粉を（ア）～（エ）から１つ選び，記号で答えなさい。

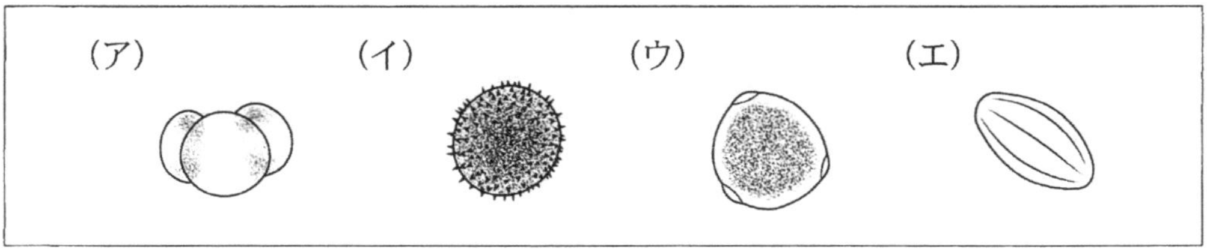


(問３) 顕微鏡で観察したところ，観察するものが【図２】のように見えました。観察するものが中央に見えるようにするためには，プレパラートをどの方向に動かせばよいか，【図３】の（ア）～（エ）から１つ選び，記号で答えなさい。

【図２】

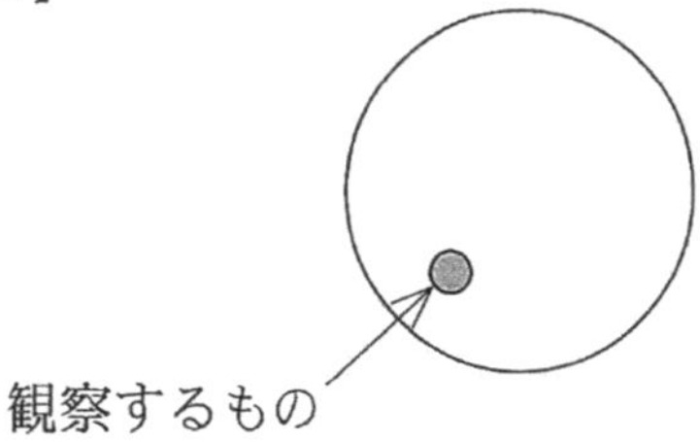


【図３】

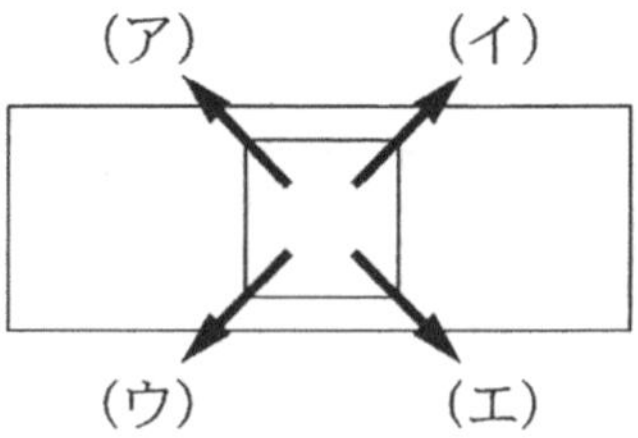

（問４）花粉のはたらきを調べるためには，（ア）～（エ）のどれとどれを比べるとよいか答えなさい。

（ア）め花の開花前にふくろをかけ，開花後にふくろをはずして花粉をつけ，再びふくろをかける。
（イ）め花の開花前にふくろをかけ，そのままにしておく。
（ウ）め花の開花後にふくろをかけ，その後ふくろをはずして花粉をつけ，再びふくろをかける。
（エ）め花の開花後にふくろをかけ，そのままにしておく。

Ⅱ．こん虫について，以下の問いに答えなさい。

（問５）モンシロチョウの卵を，（ア）～（エ）から１つ選び，記号で答えなさい。

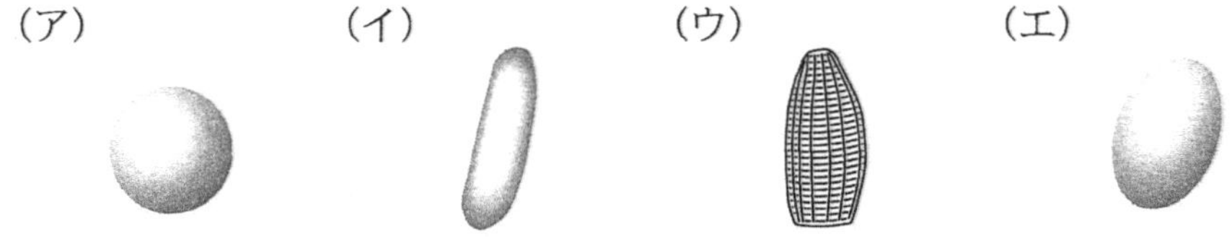


（問６）モンシロチョウの幼虫が，卵から生まれたあとに初めて食べるものを答えなさい。

（問７）１匹のカブトムシの，触角《しょっかく》とはねと足の数をすべて合計した数を答えなさい。

## 2 以下の問いに答えなさい。

Ⅰ．５つのビーカーに食塩水，炭酸水，塩酸，アンモニア水，水酸化ナトリウム水溶《よう》液のいずれか１つを入れ，これを水溶液Ａ，Ｂ，Ｃ，Ｄ，Ｅとします。この水溶液の種類を特定するために【実験１】～【実験４】を行いました。以下の問いに答えなさい。

【実験１】青色リトマス紙を水溶液につけたところ，ＡとＣが赤色になった。

【実験２】ＢＴＢ溶液を水溶液に混ぜたところ，Ｅのみが緑色になった。

【実験３】Ｃを石灰水に加えても変化は見られなかった。

【実験４】水溶液を加熱し，水を蒸発させるとＤとＥのみ白色の固体が残った。

（問１）【実験１】と【実験２】の結果からＡとＥは何性かそれぞれ答えなさい。

（問２）【実験１】～【実験４】の結果から考えられるＢとＤの種類をそれぞれ答えなさい。

（問３）ＡとＣとＥにアルミニウム片を入れると，１つだけ水素が発生しました。水素が発生した水溶液の記号と，その種類を答えなさい。

Ⅱ．上皿てんびんの使い方について，以下の問いに答えなさい。

（問４）上皿てんびんの運び方として正しいものを，(ア) ～ (エ) から１つ選び，記号で答えなさい。

| |
|---|
| (ア) 上皿てんびんを運ぶときは片手で持ち，皿は両方にのせておく。<br>(イ) 上皿てんびんを運ぶときは片手で持ち，皿は片方にのせておく。<br>(ウ) 上皿てんびんを運ぶときは両手で持ち，皿は両方にのせておく。<br>(エ) 上皿てんびんを運ぶときは両手で持ち，皿は片方にのせておく。 |

（問５）はかる物を左の皿にのせたあと，右の皿に分銅をのせて重さをはかりたい。右の皿にのせる分銅ののせ方として正しいものを，(ア)～(エ)から１つ選び，記号で答えなさい。

| |
|---|
| (ア) 分銅を軽いものから順番にのせていく。<br>(イ) 分銅を重いものからのせていき，分銅の方がはかる物より重い場合，少しずつ軽いものに変えていく。<br>(ウ) 分銅を落とさないように，直接手で持ってのせていく。<br>(エ) 分銅をすべてのせてから，軽いものから順に取り除いていく。 |

3　以下の問いに答えなさい。

Ⅰ．地層のでき方や大地のはたらきについて，以下の問いに答えなさい。

（問１）れき，砂，泥《どろ》の３種類の粒《つぶ》を水の中でかき混ぜ，静かにおいたあと，ようすを観察しました。そのようすとして正しいものを，（ア）～（ウ）から１つ選び，記号で答えなさい。

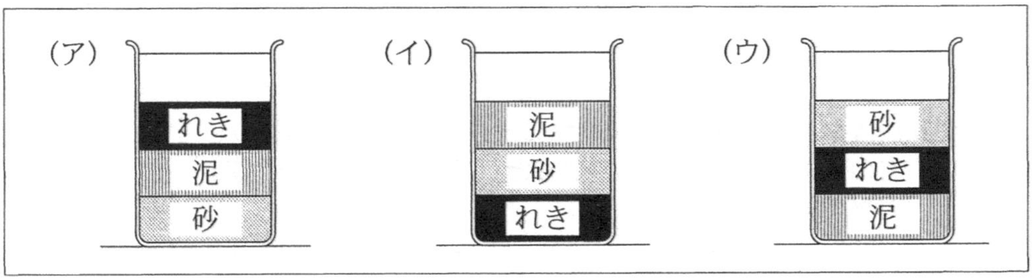


（問２）ある地層を観察したところ，サンゴの化石がありました。この地層はどのような環境《かんきょう》でできたと考えられるか，（ア）～（エ）から１つ選び，記号で答えなさい。

| | |
|---|---|
| （ア）冷たくて浅い海 | （イ）あたたかくて浅い海 |
| （ウ）湖 | （エ）川 |

（問３）ある山の山頂付近には火山活動によってできた岩石が見られ，この山は火山活動や大地の変化によってできたことがわかりました。このような火山活動によりあたためられた地下水を利用したものを何というか答えなさい。

Ⅱ．【図４】の①，②はある星座を表しています。以下の問いに答えなさい。

【図４】

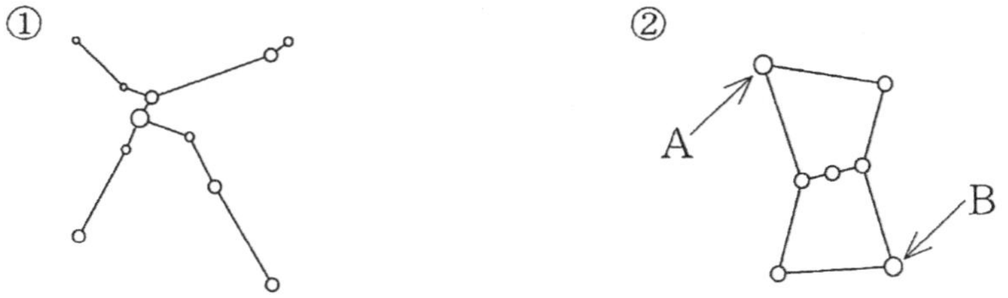


（問４）【図４】の①の星座の名前を答えなさい。

（問５）【図４】のＡとＢの星について，名前の組み合わせとして正しいものを，（ア）～（エ）から１つ選び，記号で答えなさい。

| | |
|---|---|
| （ア）Ａ…アルタイル | Ｂ…リゲル |
| （イ）Ａ…デネブ | Ｂ…ベテルギウス |
| （ウ）Ａ…ベテルギウス | Ｂ…リゲル |
| （エ）Ａ…リゲル | Ｂ…アルタイル |

（問６）カシオペヤ座とほくと七星により見つけられる，こぐま座にある星の名前を答えなさい。

## 4 以下の問いに答えなさい。

Ⅰ．電池と豆電球を使った回路について，以下の問いに答えなさい。
【図５】のように同じ種類の電池と豆電球を使って(ア)～(エ)の回路を作りました。

【図５】

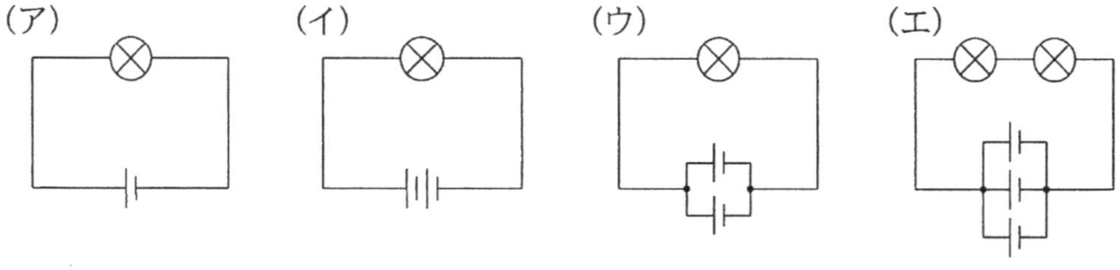


(問１)【図５】の（エ）の豆電球のつなぎ方を何つなぎというか答えなさい。

(問２) 豆電球がもっとも明るい回路と，もっとも暗い回路はどれか，【図５】の（ア）～（エ）からそれぞれ１つ選び，記号で答えなさい。

Ⅱ．ふりこの性質について，以下の問いに答えなさい。
【表１】はふりこの長さをいろいろ変えて１０往復する時間を計測した結果です。ただし，ふりこの長さ以外は同じ条件とします。

【表１】

| ふりこの長さ〔ｃｍ〕 | ２５ | ５０ | １００ | １５０ | ２００ | ２２５ |
|---|---|---|---|---|---|---|
| １０往復する時間〔秒〕 | １０ | １４ | ２０ | ２５ | ２８ | ３０ |

(問３) ふりこの長さを4倍にすると，1往復にかかる時間は何倍になるか答えなさい。

(問４) １往復する時間が4秒のふりこの長さは何ｃｍか答えなさい。

(問５) 長さがちがう2つのふりこ①，②を作り，2つのふりこを同時にふらせました。ふりこ①は8秒間で１０往復し，ふりこ②は8秒間で5往復しました。ふりこ①の長さが１６ｃｍとすると，ふりこ②の長さは何ｃｍか答えなさい。

令和５年度

# 前　　期
# 入　学　試　験　問　題

# 社　　　会

（　２５分　）

注　意　事　項

１．試験開始の合図があるまで問題用紙を開かないでください。
２．解答は必ず解答用紙に記入してください。
３．問題用紙，解答用紙に受験番号，名前を記入してください。
４．試験終了後は各自問題用紙を持ち帰ってください。

| 受験番号 | 名前 | |
|---|---|---|
| | | |

近畿大学附属広島中学校福山校

問題は，次のページから始まります。

1　つぎの会話文を読んで，あとの各問いに答えなさい。

ゆみえ：今回のレポート課題，テーマは何にする？　私は（1）「日本に登録されている世界遺産」が良いテーマだと思うんだけど，２人はどう？

けいた：すごく良いと思うよ。ところで（2）日本で最初に登録された世界遺産は何だったっけ。

たかや：文化遺産の「法隆寺地域の仏教建造物」と「（　あ　）城」，そして自然遺産の「屋久島」と「白神山地」だよ。白神山地は（3）青森県と秋田県にまたがる世界遺産だよね。

けいた：さすがもの知りだね。ちなみに，四国の４県には世界遺産が登録されている県がないって聞いたけど本当？

たかや：本当だよ。その反対で，（　い　）地方にはすべての府県で世界遺産の登録が見られるよ。百舌鳥･古市古墳群が登録されたことで，達成したよね。

ゆみえ：私たちが住んでいる（4）広島県にも世界遺産はあったわよね。確か（5）原爆ドームと（　う　）神社だったわよね。

けいた：今回のレポートは，世界遺産をまとめたものでつくってみよう。

問１　下線部（1）について，日本の世界遺産に関するつぎの各問いに答えなさい。

（1）２０２３年１月現在，日本で登録されている世界遺産の総数は全部でいくつですか。正しいものをつぎのア．～エ．より１つ選び，記号で答えなさい。

ア．２３　　イ．２４　　ウ．２５　　エ．２６

（2）世界遺産が登録されていない都道府県について説明したものを，つぎのア．～ウ．より１つ選び，記号で答えなさい。

ア．日本最東端に位置する南鳥島や，日本最南端に位置する沖ノ鳥島がある。

イ．東日本大震災が発生すると，原子力発電所の事故が発生し，現在でも立ち入ることができない地域がある。

ウ．遠洋漁業の基地でも有名な焼津港や，オートバイの生産がさかんな浜松市がある。

問２　下線部（２）について，日本の国土について述べた，つぎの文ア．～ウ．より正しいものを１つ選び，記号で答えなさい。

ア．日本は周辺国との間で領土問題をかかえており，オホーツク海にある竹島を不法に占領している韓国に対して，日本政府は抗議《こうぎ》をしている。

イ．日本は島国であるため，世界的にも海岸線の長さがとても長いことで知られているが，世界で最も小さな大陸であるオーストラリアの海岸線よりは短い。

ウ．日本で最も面積の小さい都道府県は香川県であるが，その面積は世界で最も面積の小さいバチカン市国よりは大きい。

問３　下線部（３）について，青森県と秋田県について説明した文としてまちがっているものを，つぎのア．～ウ．より１つ選び，記号で答えなさい。

ア．雪の多いこれらの県では，冬に積もった雪を倉庫にためておき，その冷気を施設の冷ぼうに利用している。

イ．米づくりがさかんな地域で，品種改良を進めてきたことで，涼しい気候に合わせておいしくて育てやすい米をつくることができるようになった。

ウ．伝統工業がさかんな地域で，秋田県は南部鉄器が，青森県では西陣織が有名である。

問４　下線部（４）について，広島県に関するつぎの各問いに答えなさい。

（１）広島県はかきの養しょくがさかんなところです。広島県を含む瀬戸内海に面する地域では，養しょくがさかんなところが多いです。なぜこれらの地域で養しょくがさかんであるのか，その理由を説明しなさい。

（２）広島県には，兵庫県についでため池が多くあります。なぜ広島県にはたくさんため池がつくられていますか。ため池をつくる理由を説明しなさい。

問５　下線部（５）について，広島市は世界で初めて原子爆弾が投下されたところです。広島市に原子爆弾が投下されたのは，何月何日のことですか。答えなさい。

問６　文章中の空らん（　あ　）～（　う　）にあてはまる語句を，それぞれ漢字２字で答えなさい。

2　２０２２年に関する，あとの各問いに答えなさい。

問１　２０２２年は，沖縄が返還されてから５０年が経過する年でした。沖縄県について述べた文としてまちがっているものを，つぎのア．～ウ．より１つ選び，記号で答えなさい。

ア．沖縄県は年間をとおして温暖な地域であり，ブラジルやインドネシアと同緯度に位置している。

イ．県内に広い森林が少なく，短い川が多いため，家屋の屋上には貯水タンクが備えられている家が多い。

ウ．アメリカ軍の基地が数多く設置されており，その数は日本最大である。

問２　２０２２年は，新橋駅と横浜駅に鉄道が開通して１５０年が経過する年でした。日本の鉄道について述べた文としてまちがっているものを，つぎのア．～ウ．より１つ選び，記号で答えなさい。

ア．貨物輸送の割合をみると，自動車や船による輸送をおさえて，鉄道輸送は日本の中で最も割合が高い輸送手段である。

イ．近年は，現金で切符を買うのではなく，「Suica」や「ICOCA」，「PASMO」などの交通系電子マネーを利用する人びとが増えている。

ウ．１９６４年の東京オリンピック開催《かいさい》にあわせて，東海道新幹線が開業した。

問３　４月，改正民法が施行されたことで，成人年齢が大きく変わりました。成人年齢は何歳になりましたか。あてはまる数字を答えなさい。

問４　８月，大雨特別警報が出され，最上川などの河川ではん濫《らん》が発生しました。こうした災害の被害をできるだけ小さくするために，それぞれの市町村がつくっている，被害のおそれがある地域や避難《ひなん》についての情報をのせた地図のことを何といいますか。カタカナで答えなさい。

| 受験番号 | 名前 |
| --- | --- |
| | |

# 令和5年度 前期 近畿大学附属広島中学校福山校入学試験 国語 解答用紙

## 一

問一 ① ② ③ ④

問二 ① ② ③ ④ ⑤ ⑥

得点

## 二

問一 X Y

問二

問三

問四

問五 A B

問六 (1) (2)

〔4〕

(1) cm

(2) cm

(3) $cm^3$

〔5〕

(1) $cm^2$

(2) $cm^2$

(3) 毎秒 $cm^3$

| 総　得　点 |
| --- |
| ※100点満点（配点非公表） |

3

| | | | |
|---|---|---|---|
| 問1 | | 問2 | |
| 問3 | | 問4 | |
| 問5 | | 問6 | |

| 得　点 |
|---|
| |

4

| | | | |
|---|---|---|---|
| 問1 | つなぎ | | |
| 問2 | もっとも明るい回路 | もっとも暗い回路 | |
| 問3 | 倍 | 問4 | cm |
| 問5 | cm | | |

| 得　点 |
|---|
| |

| 総　得　点 |
|---|
| ※50点満点<br>（配点非公表） |

| | | | | | | | |
|---|---|---|---|---|---|---|---|
| 問3 | | 問4 | | 問5 | | 問6 | |
| 問7 | | | | | | | |

| 得　点 |
|---|
| |

4

| | | | | | | | |
|---|---|---|---|---|---|---|---|
| 問1 | | 問2 | | 問3 | | 問4 | |
| 問5 | | 問6 | | 問7 | | | |

| 得　点 |
|---|
| |

| 総　得　点 |
|---|
| ※50点満点<br>（配点非公表） |

| | |
|---|---|
| 受験番号 | |
| 名　　前 | |

# 令和５年度　前期　近畿大学附属広島中学校福山校　入学試験　社　会　解答用紙

1

| | | | | | | | |
|---|---|---|---|---|---|---|---|
| 問1 | (1) | (2) | | 問2 | | 問3 | |
| 問4 | (1) | | | | | | |
| (2) | | | | | | | |
| 問5 | 月　日 | 問6 | (あ)　城 | (い)　地方 | | (う)　神社 | |

| |
|---|
| 得　点 |
| |

2

| | | | | | | | |
|---|---|---|---|---|---|---|---|
| 問1 | | 問2 | | 問3 | 歳 | 問4 | |

| |
|---|
| 得　点 |
| |

3

| | | | | |
|---|---|---|---|---|
| 問1 | (あ) | (い)　遺跡 | (う) | (え) |

| | |
|---|---|
| 受験番号 | |
| 名　　前 | |

# 令和５年度　前期　近畿大学附属広島中学校福山校　入学試験　理　科　解答用紙

## 1

| | | | |
|---|---|---|---|
| 問1 | | 問2 | |
| 問3 | | 問4 | と |
| 問5 | | 問6 | |
| 問7 | | | |

| |
|---|
| 得　点 |
| |

## 2

| | | | |
|---|---|---|---|
| 問1 | A　　性 | E　　性 | |
| 問2 | B | D | |
| 問3 | 記号 | 種類 | |
| 問4 | | 問5 | |

| |
|---|
| 得　点 |
| |

【解答

| 受験番号 | |
| --- | --- |
| 名　　前 | |

# 令和５年度　前期　近畿大学附属広島中学校福山校　入学試験　算　数　解答用紙

〔1〕

| | | | | | | | |
| --- | --- | --- | --- | --- | --- | --- | --- |
| (1) | | (2) | | (3) | | (4) | |
| (5) | | (6) | | (7) | | (8) | |

〔2〕

| | | | | | |
| --- | --- | --- | --- | --- | --- |
| (1) | | (2) | m | (3) | 円 |
| (4) | 日間 | (5) | 度 | (6) | cm |

【解答

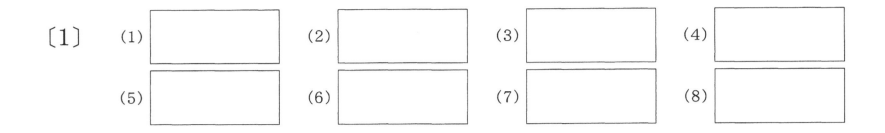

三

問一

ⓐ

ⓑ

ⓒ

問二

A

B

C

D

問三

自答

問四

問五

(1)

(2)

Ⅰ

Ⅱ

Ⅲ

得点

総得点

※100点満点
（配点非公表）

3　つぎの色々な時代に関わる文章を読んで，あとの各問いに答えなさい。

A　束帯とよばれる男性の服装や，十二単とよばれる女性の服装が貴族の正装《せいそう》とされていた時代です。この時代に，政治の実権を握《にぎ》った（　あ　）は「この世をば　わが世とぞ思ふもち月の　かけたることも　なしと思へば」と自らの栄華《えいが》を和歌によみました。
また，この時代の終わりには武士が各地で力を持つようになり，①東北地方では奥州藤原氏が，自身の繁栄を示すためのお寺を建てたことも知られています。

B　大陸から米づくりが伝わった時代です。この時代の遺跡からは図②のような稲をかるための道具などが出土しています。稲作が始まったことで，田や用水をめぐって争いがおこるようになりました。
これらを示す例として，佐賀県にある（　い　）遺跡では，図③のように物見やぐらや柵《さく》などがつくられたあとを見ることができます。

図②

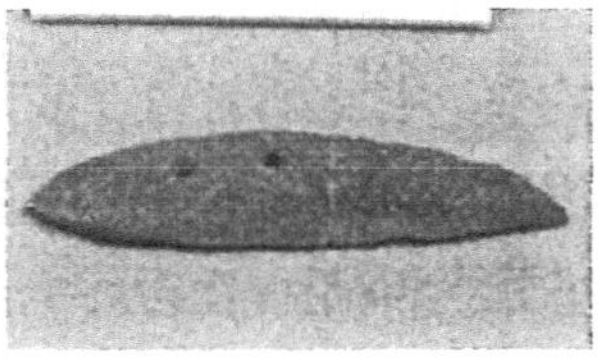

図③

C　歴史上２つめの幕府がつくられた時代です。３代将軍（　う　）は京都の北山に別荘《べっそう》として金閣を建てました。東山に銀閣を建てた８代将軍足利義政は，つぎの将軍をしっかりと決めなかったので，これをきっかけに（　え　）がおこりました。ここから戦国の世になり，不安定な時代が約１３０年も続きます。

D　この時代の人々は，力を合わせて野山の動物や木の実，山菜，海や川の魚，貝などを手に入れて生活していました。生活に必要な道具は，動物の骨や石や木などから自分たちでつくっていました。この時代の遺跡から発見される図④は，子孫の繁栄や豊作を祈《いの》るためにつくられたのではないかと考えられています。

図④

E　この時代は，災害が多かった時代です。阪神淡路大震災や東日本大震災などの大地震や西日本豪雨災害などの局地的な大雨による災害などがおこっています。

一方で北朝鮮から拉致《らち》被害者が帰国する出来事や日本と韓国が共同でサッカーワールドカップを開催するなど，平和的な外交もいくつかおこなわれた時代でもあります。

F　１５人の将軍がいたこの時代は，外国との関係を断つ「鎖国政策」がとられていていました。この影響もあり，日本独自の文化がはぐくまれた時代でもありました。歌舞伎《かぶき》という演劇が人気を集めたり，（　お　）という多色刷りの版画が多くの人々に親しまれたりしました。この時代の後半には蘭学や国学といった学問が広がりました。蘭学では（　か　）と前野良沢が『解体新書』をあらわし，医学の発展を示しました。国学では（　き　）が『古事記伝』をあらわし，古くからの日本人の考え方を広く世に示しました。

問１　文章中の空らん（　あ　）～（　き　）にあてはまる適当な語句を答えなさい。

問２　下線部①のお寺の名称として正しいものはどれですか。正しいものをつぎのア．～エ．より１つ選び，記号で答えなさい。

ア．本願寺　　　イ．中尊寺　　　ウ．本能寺　　　エ．東大寺

問３　図②の名称を答えなさい。

問４　図④の名称を答えなさい。

問５　文章Ａの時代は何時代のことですか。正しいものをつぎのア．～エ．より１つ選び，記号で答えなさい。

ア．飛鳥時代　　　イ．奈良時代　　　ウ．平安時代　　　エ．鎌倉時代

問６　文章Ｅの時代は何時代のことですか。正しいものをつぎのア．～エ．より１つ選び，記号で答えなさい。

ア．明治時代　　　イ．大正時代　　　ウ．昭和時代　　　エ．平成時代

問７　文章Ａ～Ｆを古い順に並び変えたとき，５番目に来る文章はどれですか。正しいものをつぎのア．～ウ．より１つ選び，記号で答えなさい。

ア．Ａの文章　　　イ．Ｃの文章　　　ウ．Ｆの文章

４　あとの各問いに答えなさい。

問１　１７～１９歳におこなった調査によると，日本国憲法の前文を読んだことのある割合は，４割ほどだったといわれています。日本国憲法について述べたつぎのア．～ウ．より，まちがっているものを１つ選び，記号で答えなさい。

ア．日本国憲法では，国民の権利として個人の尊重，男女の平等を保障している。

イ．日本国憲法は国民主権であるが，大日本帝国憲法は天皇主権であった。

ウ．日本国憲法を改正することはできないので，これまでに改正されたことはない。

問２　天皇陛下は６２歳の誕生日を迎えられた記者会見において，新型コロナウイルスの長引く影響に苦しむ国民を深く案じられていました。天皇の国事行為について述べたつぎのア．～ウ．より，まちがっているものを１つ選び，記号で答えなさい。

ア．国会を召集すること

イ．勲章《くんしょう》などを授与すること

ウ．外国と条約を結ぶこと

問３　２０２２年におこなわれた参議院議員選挙では，若者の支持を集め，SNSで話題となった当選者がいました。国会について述べたつぎのア．～ウ．より正しいものを１つ選び，記号で答えなさい。

ア．国会のおこなう助言と承認にもとづいて，自衛隊は弾劾裁判所を設置することができる。

イ．国会は，国権の最高機関であって，国の唯一の立法機関なので，法律の制定をおこなう。

ウ．親族に国会議員がいる場合，国会議員になることはできない。

問４　選挙で当選した国会議員の中から，内閣総理大臣は選ばれます。第１００代内閣総理大臣は，広島県選出の国会議員から誕生しました。内閣総理大臣について述べたつぎのア．～ウ．より，正しいものを１つ選び，記号で答えなさい。

ア．内閣総理大臣は，国務大臣を任命することはできるが，辞《や》めさせることはできない。

イ．内閣総理大臣は，衆議院で多数をしめる政党の代表が選ばれる場合が多い。

ウ．内閣総理大臣と国務大臣，そして各都道府県の知事が参加する会議を閣議という。

問５　働き方改革や生き方の多様化などの影響もあり，省庁で勤務する国家公務員の採用試験の受験者数が減っています。国の行政組織や地方自治・通信などに関する仕事をおこなう省庁を，つぎのア．～エ．より１つ選び，記号で答えなさい。

ア．法務省　　イ．厚生労働省　　ウ．経済産業省　　エ．総務省

問６　日本では裁判の利用が他国と比べて少なく，司法にアクセスしやすいように司法制度改革が進められてきましたが，ハードルの高さはあまり変わっていないのが現状です。日本の裁判について述べたつぎのア．～ウ．より，まちがっているものを１つ選び，記号で答えなさい。

ア．罪を犯《おか》した疑いのある人に対し，有罪か無罪かの裁判をおこない，判決を出す。

イ．裁判員制度での裁判員は，有罪か無罪かのみを決め，有罪の場合の刑の判断は裁判官がおこなう。

ウ．裁判の判決内容に不服がある場合は，３回まで裁判をうけられる。

問７　高齢化の進む日本では，高齢者が輝ける社会をどのようにつくっていくかが重要となっています。つぎの表は２０２０年と２０２１年の高齢化に対する統計から作成したものです。表について述べた文としてまちがっているものを，つぎのア．～ウ．より１つ選び，記号で答えなさい。

| 2021年 | 総人口 | 15歳未満 | 15～64歳 | 65歳以上 | 70歳以上 | 75歳以上 | 80歳以上 |
|---|---|---|---|---|---|---|---|
| 人口(万人) | 12522 | 1481 | 7402 | 3640 | 2852 | 1880 | 1206 |
| 割合 | | 11.8 | 59.1 | 29.1 | 22.8 | 15.0 | 9.6 |
| 2020年 | 総人口 | 15歳未満 | 15～64歳 | 65歳以上 | 70歳以上 | 75歳以上 | 80歳以上 |
| 人口(万人) | 12573 | 1503 | 7452 | 3618 | 2791 | 1871 | 1160 |
| 割合 | | 12.0 | 59.3 | 28.8 | 22.2 | 14.9 | 9.2 |

(総務省の資料より作成)

ア．２０２０年・２０２１年ともに，６５歳以上の割合は３割を超えている。

イ．２０２０年と比べて，２０２１年の６５歳以上の年代は，全てにおいて人口が増えている。

ウ．２０２０年・２０２１年ともに，６５歳未満の割合は７割を超えている。

令和４年度

# 前　期
# 入 学 試 験 問 題

# 国　語

（　５０分　）

注 意 事 項

１．試験開始の合図があるまで問題用紙を開かないでください。
２．解答は必ず解答用紙に記入してください。
３．問題用紙，解答用紙に受験番号，名前を記入してください。
４．試験終了後は各自問題用紙を持ち帰ってください。

| 受験番号 | 名前 | |
|---|---|---|
| | | |

近畿大学附属広島中学校福山校

2022(R4) 近畿大学附属広島中福山校
教英出版

一　次の問いに答えなさい。

問一　各文の＝＝＝線の漢字の読みを、それぞれひらがなで書きなさい。

① 往年の名選手の話を聞く。

② 均整のとれた体格。

③ 妻子を残して海外出張する。

④ こころよく承知する。

問二　各文の＝＝＝線のカタカナを、それぞれ漢字に直しなさい。

① 会長としてのギムを果たす。

② たて穴住居をフクゲンする。

③ 練習のコウカが試合に出た。

④ 人の欲望にはサイゲンがない。

⑤ 友達のニガオ絵をかく。

⑥ 文房《ぶんぼう》具《ぐ》店《てん》をイトナむ。

二　次の文章を読んで、後の問いに答えなさい。ただし、設問の都合で本文の一部を改変しています。

５歳《さい》の娘《むすめ》につきあい、テレビをながめている。他の用事を済ませたくもあるのだが、「となりで見ていろ」「分からないことは解説しろ」との要望なので、①大人しくそれに従っている。気付けば自分も、複数のアニメ主題歌を口ずさめるくらいにはなっている。

彼女《かのじょ》のお気に入りのアニメ作品には、お姫《ひめ》様やアイドルが登場する。どちらも女の子たちの憧《あこが》れの存在として描《えが》かれるキャラクターである。ただ、どのキャラクターも、自分が子どもの頃《ころ》と比べれば、現代っ子向けに様変わりしているのが面白い。

特にハマっている様子であるのが、『ちいさなプリンセス　ソフィア』。ディズニーが制作しているテレビ向けアニメだ。村で暮らす「ふつうの女の子」だったソフィアが、母親が国王と再婚《さいこん》したことにより、プリンセスとしてお城で暮らすことになるというお話である。

おや、と思う。昔のディズニー作品では、「まま母」といえば「意地悪」という図式が成り立っていた。でもソフィアの母親は、立場上は「まま母」だが、再婚相手の子どもたちにも優しく接する。そもそも国王の再婚相手が、庶民《しょみん》のシングルマザーだというのが、新しい描写《びょうしゃ》に思えて面白い。

ソフィアは学校で、様々な人種のプリンセスたちと勉強をしたり、国の行事で仲間たちとドタバタしたりする。けれど、王子様と恋《こい》をしたりはしない。８歳というキャラクター設定のためでもあるが、②それだけではないだろう。昨今のディズニー作品は、それまでの作品の中にあった「お約束」を、ひとつひとつ塗《ぬ》り替《か》えようとしているように見える。視聴者《しちょうしゃ》にも、多様な人たちがいる。そんな社会の変化を、ディズニーは敏感《びんかん》に感じ取っているようなのだ。

これまでも「ディズニープリンセス」は、時代とともに変化してきた。１９３０年代から５０年代に作られた『シンデレラ』『眠《ねむ》れる森の美女』といった作品は、「ステキな王子様と出会い、困難を乗り越《こ》えて二人は結ばれる」という定番のストーリーだった。どのプリンセスも、受け身かつ家庭的な存在で美人でもある。対する王子はお金持ちの権力者でハンサム。男と女の役割がしっかりと分けられ、強調されていた。［　あ　］

（中略）

女の子は受け身で、男の子は積極的。そんな古臭《くさ》い図式も、時代とともに変わっていく。『美女と野獣《やじゅう》』『アラジン』といった作品に登場する新しいプリンセスたちは、白雪姫のように受け身な存在ではなくなった。自分というものを持ち、積極的に冒険《ぼうけん》にも出かけていく。［　い　］『美女と野獣』のベルが恋する相手は、醜《みにく》いけだものである。（呪《のろ》いが解けた素顔はハンサムな王子様だが）。

僕《ぼく》が映画館で初めて見たディズニープリンセスは、『アラジン』のジャスミンだった。国の法律にのっとって、決められた相手と結婚することに嫌気《いやけ》がさし、自由に憧れている少女。そんなジャスミンが恋する相手は、町の盗賊《とうぞく》アラジン。プリンセスたちが、［　X　］のような存在から、より現実に歩み寄ろうとしていた時期だった。

白雪姫やシンデレラは、女の子たちに「教訓」として語られてきた。「〈女の子らしく〉していれば、いつか王子様が現れて、末永く幸せに暮らせますよ」。ときめく少女もいれば、「そんなわけあるか！」とツッコむ少女もいただろう。

『アラジン』の中でも、国王がジャスミンに、「しきたりなのだから結婚してほしい」と説得する。［　A　］、ジャスミンは「私は無理に結婚するなんていやなの」と憤《いきどお》る。人はそれぞれのやり方で、幸せになればいい。もっと広い世界を、この目で見たいのだと。

国王はそんなジャスミンに、むりやり価値観を押《お》し付けることは自制する。主人公アラジンは、魔法《まほう》のじゅうたんで彼女に自由を与《あた》える。そんな作品に触《ふ》れて育った僕は、「価値観を人に押し付けるのは、野暮だ」と学んで生きてきたような気がする。

プリンセスの姿は、その後の時代も、ますます変化していく。[B]、白人以外のプリンセスが描かれるようになっていった。『アラジン』のジャスミンはアラブ系、『ポカホンタス』のポカホンタスはアメリカ先住民、『ムーラン』のムーランはアジア系、『プリンセスと魔法のキス』のティアナは黒人といった具合だ。

描かれるテーマも変わってきた。「王子様との出会い」が、明確に否定されるようになっていった。大ヒット作品『アナと雪の女王』で、ハンサムな王子は、国を乗っ取ろうとする悪役として描かれている。メインテーマは、姉妹であるアナとエルサの仲直り。男女の恋愛《れんあい》ではなく、姉妹愛がテーマになっていたのだ。

「ありのままの　姿見せるのよ」

今や誰《だれ》もが口ずさめる『レット・イット・ゴー』。それまで親に抑圧《よくあつ》されてきた「自分らしさ」を、一人きりで肯定《こうてい》するという、力強くも物悲しいシーンで歌われている。プリンセス・エルサは、この歌とともに、「プリンセスらしさ」を脱《ぬ》ぎ捨てる。大人しい格好から、魔女を思わせるきらびやかな衣装とメイクに変わっていく姿に、解放感を覚えた人も多いだろう。年長世代からは、「うわああ、娘がグレたあああ」と受け取られてもいい描写だ。[C]、いいのである。あれは、親世代の価値観からの解放なのだから。

（中略）

『ちいさなプリンセス　ソフィア』の中で、主人公のソフィアがピンチに陥《おちい》った時、白雪姫、シンデレラ、アリエル、ベル、ラプンツェル、ジャスミン、メリダといった歴代のディズニープリンセスが現れ、ソフィアの手助けをしてくれる。その描写の仕方が、とてもいい。

プリンセスたちは、特殊な能力を用いてソフィアを「救ってくれる」わけではない。あくまでプリンセスたちは、「自分はこう思う」「私の場合はこうしたわ」と語るのみ。要するに、ガールズトークだ。ソフィアは、歴代のプリンセスたちと語り合ううちに、自分の力で答えを見つけるのである。

この設定が、実に面白いなと思う。それぞれの人生経験にもとづいて、プリンセスたちが意見交換《こうかん》する。白雪姫の生き方は古臭いだの、メリダの生き方は勝手だの、それぞれの人生を値踏《ねぶ》みしあったりしなくてもいい。先輩《せんぱい》プリンセスたちも、ソフィアに自分の意見を押し付けたりしない。相手を尊重し、距離《きょり》感を保ちつつも、寄り添《そ》いながら、ともに考える。

（荻上《おぎうえ》チキ『みらいめがね　それでは息《いき》がつまるので』）

問一　［A］～［C］に入れる語として最も適当なものを次の中から選び、それぞれ記号で答えなさい。

ア、例えば　イ、つまり　ウ、だからこそ　エ、だが

問二　［X］に入れる慣用句として最も適当なものを次の中から選び、記号で答えなさい。

ア、虎《とら》の子《こ》　イ、高嶺《たかね》の花《はな》　ウ、竹馬《ちくば》の友《とも》　エ、水《みず》の泡《あわ》

問三　[あ]、[い]に入れる文章として最も適当なものを次の中から選び、それぞれ記号で答えなさい。

ア、白雪姫はその典型だ。悪い女王に命を狙《ねら》われ、城から逃《に》げ出した彼女は、森の中で七人の小人に出会う。白雪姫は、持ち前の美貌《びぼう》と、家事の能力によって、七人の小人のハートをわしづかみにする。だがその後、王子様に命を救われ、二人は結ばれるのだ。

イ、日本のファンタジー漫画《まんが》であれば、歴史上の英雄《えいゆう》の力を借りて変身したり、色々な神様を呼び出して敵を倒《たお》したりするのだろう。もちろん、それはそれで現代的だと思う。

ウ、白雪姫が小人たちに命じて働かせるとか、ラプンツェルが髪《かみ》を伸ばして敵を縛《しば》るとか、メリダが悪い魔女の眉《み》間《けん》を矢で撃《う》ち抜《ぬ》くとか、そういう展開は起きないのである。

エ、『リトル・マーメイド』の主人公、人魚姫のアリエルは、海の上の世界に憧れて家出をする。恋する相手も、必ずしもハンサムな王子とは限らない。

問四　――線①「大人しくそれに従っている」とありますが、筆者の行動として最も適当なものを次の中から選び、記号で答えなさい。

ア、自分の用事を急いで済ませてから、5歳の娘と一緒《いっしょ》にテレビを見ている。

イ、アニメ作品を見て、自分が不思議に思ったことを娘と話し合っている。

ウ、5歳の娘と一緒にテレビを見て、娘にとって難しい内容を説明している。

エ、複数のアニメ主題歌を口ずさめるくらい、多くのアニメ作品を見ている。

〔5〕 Ａくんは分速150ｍで学校から図書館に向けて出発し，Ｂくんは分速200ｍで図書館から学校に向けて出発すると，途中で２人は出会いました。出会ったとき，Ｂくんだけがその場で２分間休けいして，Ａくんはそのまま図書館に向かいました。Ｂくんは休けいした後，学校に向かい移動しましたが，１分移動した後に忘れ物に気がつき，分速300ｍの速さに変えて図書館に戻りました。

下の図はＡくんとＢくんの間の道のりと２人が同時に出発してからの時間の関係を表したものです。

このとき，次の各問いに答えなさい。

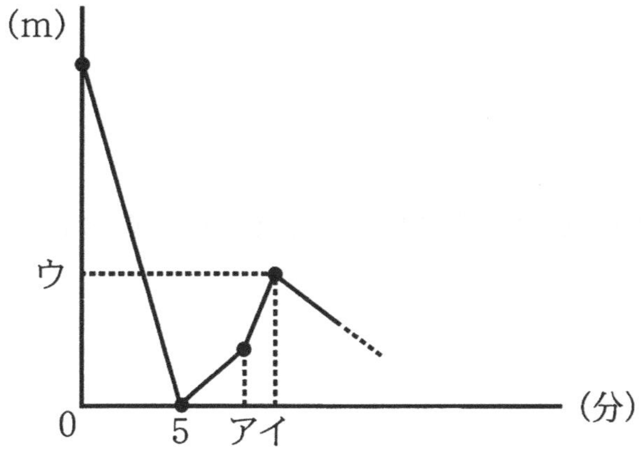


（1） 学校から図書館までの道のりは何ｍですか。

（2） 図のア，イ，ウにあてはまる数は何ですか。

（3） Ｂくんが図書館に戻るまでに，Ａくんに追いつくことができますか。追いつくことができませんか。

途《と》中の考え方もかきなさい。

〔4〕 整数を１から順に並べたものをあるきまりにしたがって，次のようにグループ分けをします。

1 | 2， 3， 4 | 5， 6， 7， 8， 9 | 10， 11， 12， 13， 14， 15， 16 | 17， 18， 19， …

このとき，次の各問いに答えなさい。

（1） 左から５番目のグループの最後の数はいくつですか。

（2） 左から６番目のグループに含まれるすべての数の和はいくつですか。

（3） 2022 は左から何番目のグループの何個目の数ですか。途《と》中の考え方もかきなさい。

問五　―――線②「それだけではないだろう」とありますが、筆者は「ソフィア」が「王子様」と恋をしない理由をどのように考えていますか。理由を説明した次の文の（　Ⅰ　）～（　Ⅲ　）に適当な言葉を補って、文を完成させなさい。ただし、（Ⅰ）は五字、（Ⅱ）は八字、（Ⅲ）は二十字で、本文中からそれぞれぬき出して答えなさい。（句読点《くとうてん》も字数にふくみます）

> （　　Ⅰ　　）を敏感に感じ取ったディズニーが、今までの作品の中にあった「プリンセスが（　　Ⅱ　　）な存在であれば、ステキな王子様と結ばれて幸せになれる」という価値観をなくし、最近の作品に「（　　　　Ⅲ　　　　）」というメッセージを込めているから。

問六　本文全体の内容をふまえると、『ちいさなプリンセス　ソフィア』の「ソフィア」は、どのようなプリンセスだと言えますか。五十五字以内で答えなさい。（句読点も字数にふくみます）

三　次の文章は、まもなく結婚する姉・「水青《みお》」のウェディングドレスに弟の「清澄《きよすみ》」が刺繍《ししゅう》をしながら、離れて暮らす父親（「全《ぜん》」）とのできごとを思い出して話す場面です。よく読んで、後の問いに答えなさい。

小学四年生の頃《ころ》、「自分の名前の由来を調べる」という宿題が出されたことがあった。母に訊《たず》ねたらとたんに不機嫌《ふきげん》になって「知らん」とそっぽを向いてしまった。祖母に訊ねてもよくわからなくて、[A]なにも書けないまま提出日を過ぎてしまった。

「宿題出してないの、松岡《まつおか》くんだけよ。明日、ぜったい持ってきなさい」

担任の先生に念を押《お》されて、しかたなく自転車に乗って黒田縫製《くろだほうせい》に行ったのだ。母も祖母も知らないのなら、あとはもう父しかいない。黒田縫製の場所はいちおう知っていた。以前に父に連れていってもらったことがあったから。

駅で言うと、ふたつぶん。自転車で走るその距離《きょり》がとてつもなく長く感じられた。二学期の終わり近くの風の強い日で、空はざらざらした灰色だった。風が吹《ふ》くたびハンドルを握《にぎ》る指が冷えて、感覚がなくなっていった。[B]たどりついたが、父は応答しなかった。あきらめきれずに何度もチャイムを押していると、自宅兼《けん》工場のほうから黒田さんが出てきて「全なら朝からずっと出かけとるで」と教えてくれた。

「どこに？」

「知らん。①なにしに来た」

黒田さんはにこりともしなかった。子ども相手に愛嬌《あいきょう》を振《ふ》りまくような人ではないと知っていてもなおⓐ臆《おく》してしまい、うまく声が出せなくなった。

「まさか、家出か？」

黒田さんの眉間《みけん》にぎゅっと皺《しわ》が寄ったので、あわてて[I]を振った。かなりしどろもどろの説明になってしまったが、黒田さんは辛抱《しんぼう》強く聞いてくれていたと思う。

「そうか。帰れ」

話を聞き終えた黒田さんはしかし、怒鳴《どな》るようにそう言い放ったのだった。

「え、なんで」

「ええから帰れ、今日は」

やっぱり怒《おこ》ってる。半泣きで家に帰った。怒られる意味がわからなくて、ひたすら混乱していた。あたりはもうずいぶん暗くなっていて、焦《あせ》りすぎてペダルにかけた足を何度も踏《ふ》み外《はず》し、ようやく家についたら玄関先《げんかんさき》で母が待ち構えていて、僕《ぼく》が遅《おそ》く帰ってきたことをひどく怒っていた。

でも次の日学校（宿題を出さなかったので、とても怒られた）から帰ったら、黒田さんが家の前で待ち構えていた。

「ちょっとええか、キヨ」

しばらく川に沿って歩いたところで、黒田さんはおもむろにスーツの内ポケットから折りたたんだ紙を取り出した。額に青筋が浮《う》いていて、ものすごくこわかった。

「全に聞いてきたで」

「え」

「お前の名前の由来や」

紙はなにかの書類の裏紙らしく、「甲《こう》」とか「乙《おつ》」とか言う文字が見えた。

「読んだるわ。ただし一回だけやぞ」

「ちょ、ちょっと待って」

「覚えろよ」

あわてる僕をよそに、黒田さんが重々しい咳払《せきばら》いをひとつした。その耳たぶはなぜか真っ赤に染まっていたことをよく覚えている。

「まずは水青が生まれた時のことから説明します。最初は姓名《せいめい》判断の本で見つけた『愛』という名前にしようと思っていました。ええ名前やし、みんなに愛される子になってほしいと思ったから。水青は難産でした。十時間ぐらいかかったと思います。分娩室《ぶんべんしつ》の外で待っていると声が聞こえました。一般的《いっぱんてき》に赤ん坊《ぼう》の泣き声はオギャーですが、彼女《かのじょ》の産声《うぶごえ》はぜんぜん違《ちが》った。川のせせらぎみたいに美しくてやさしかった。だから『川』とか『流』という文字を入れたかったのですが、さっちゃんがそれはなんか嫌《いや》やと言うので、水青にしました」

直立不動の黒田さんが「名前の由来」を読み上げる様子は、法廷《ほうてい》ドラマで見た起訴状《きそじょう》朗読の場面にそっくりで、通り過ぎる人がみんなⓑ怪訝《けげん》な顔をしているのがわかった。

「清澄は、病院についてから三十分もかからずにするっと生まれて、でもやっぱり産声は流れる水の音みたいに聞こえました。キヨのほうがちょっとだけ流れの激しい川でした。その時もさっちゃんは『流』という字を入れることに猛反《もうはん》対《たい》しました。②もしかしたら『流れる』という言葉になんとなく縁起《えんぎ》の悪い印象を抱《いだ》いたのかもしれません。もっと強そうな名前にしてほしいとも言われました。でもキヨ」

キヨ、のところで黒田さんがまた咳払いをした。怒っているわけではなくて、[ C ]感極《かんきわ》まっているらしいとその潤《うる》んだ目を見て気がついた。

「流れる水は、けっして淀《よど》まない。常に動き続けている。だから清らかで澄《す》んでいる。一度も汚《よご》れたことがないのは『清らか』とは違う。進み続けるものを、停滞《ていたい》しないものを、清らかと呼ぶんやと思う。これから生きていくあいだにたくさん泣いて傷つくんやろうし、くやしい思いをしたり、恥《はじ》をかくこともあるだろうけど、それでも動き続けてほしい。流れる水であってください。お父さんからは以上です」

以上です。二度言って、黒田さんは紙をポケットにしまうと、逃《に》げるように足早に立ち去った。

そのことを話しているあいだ、僕は[ Ⅱ ]を休めなかった。姉が壁《かべ》の時計に目をやって「もう十一時」と声を上げた。ずいぶん長いあいだ、立ちっぱなしにさせていた。

「椅子《いす》持ってこようか。それか、ちょっと休憩《きゅうけい》する?」
「ううん、だいじょうぶ。けど、できればお母さんの様子見てきてほしい」
朝に一度、部屋に食事を運んだきりだという。襖《ふすま》を開けたら、居間から音量を絞《しぼ》ったテレビの音が聞こえてきた。足音を忍《しの》ばせて近づいていくと、母は倒《たお》した座椅子《ざいす》の上に横たわっていた。録画したドラマを観《み》ているらしい。またこっそり戻《もど》ろうとしたら母がいきなり振り返って、ばっちり目が合ってしまった。
「キヨあんた、学校は?」
「えっと、や、休んだ、よ……」
もし母に訊《き》かれたら毅然《きぜん》と答えようと思っていたのだったが、実際にはちょっとⅢが引けてしまった。責め立てられることを覚悟《かくご》していたのに、母は「あ、そう」とすぐにテレビに向き直ってしまう。
部屋に戻ってそのことを話すと、姉は「ふうん」とⅣをすくめただけだった。
「お母さんっぽくないリアクションやと思わへん?」
「そう? まあ、なんかいろいろ思うところがあるんやろ。お母さんにも」
それから、部屋の中を歩いてもらったり座《すわ》ってもらったりした。注意深く、次に糸を足す場所にしるしをつけていく。
「もう、ドレス脱《ぬ》いでもええよ。ありがとう」
まだだいじょうぶだ、と主張する姉を残して部屋を出た。
僕だってまだやれそうな気がするけれども、あとになって疲《つか》れが出たら困る。自分の体力や能力を過信するとどえらい目に遭《あ》うというのが、今回母を見ていてよくわかった。
普段着《ふだんぎ》に着替《きが》えた姉と、昼食を調達するためにコンビニに向かう。冬みたいに寒い日が続いたかと思ったら、今日は歩いているだけで額に汗《あせ》が滲《にじ》む。十月って、こんなに不安定な季節だっただろうか。
歩きながら姉が「さっきの名前の話、ぜんぜん知らんかった」とぽつりと呟《つぶや》いた。

僕も今まで［　D　］忘れていた。ようやく宿題を提出できた安堵《あんど》に記憶《きおく》が押し出されたのかもしれない。もっとはよ知りたかったわ、とむくれる姉から目を逸《そ》らして、川を眺《なが》めた。

記憶の中の風景のほとんどに、あたりまえのように川が流れている。

僕たち、おらんほうがよかった？　父と一緒《いっしょ》に川を眺めていた時、ふいに浮かんだその問いを飲みこんだことがある。返事を聞くのがこわかった。でも僕や姉が生まれた時、父はたしかに「流れる水であってほしい」と願ってくれたのだ。

昼食を終えて、ふたたび針を持つ。姉に着てもらってだいたいのイメージが固まったから、あとはボディに着せた状態で刺繍を仕上げていく。

こめかみがずきんずきんと脈を打つ。何度も目薬をさしたが、痛みがおさまらない。ふたつおりにした座布団《ざぶとん》を枕《まくら》にしてすこしだけ目を閉じた。

（寺地《てらち》はるな『水《みず》を縫《ぬ》う』）

問一　〰〰線ⓐ「臆して」、ⓑ「怪訝な」の意味として最も適当なものを次の中から選び、それぞれ記号で答えなさい。

ⓐ「臆して」

ア、おどろいて
イ、気後れして
ウ、心配して
エ、ムッとして

ⓑ「怪訝な」

ア、不安な
イ、興味深そうな
ウ、いかめしい
エ、疑わしい

問二　[A]～[D]に入れる語として最も適当なものを次の中から選び、それぞれ記号で答えなさい。

ア、すっかり　イ、ようやく　ウ、とうとう　エ、どうやら

問三　[I]～[IV]に入れる語として最も適当なものを次の中から選び、それぞれ記号で答えなさい。

ア、首　イ、肩《かた》　ウ、手　エ、腰《こし》

問四　――線①「なにしに来た」とありますが、この問いの答えを、本文中の語句を用いて十五字以内で答えなさい。
（句《く》読点《とうてん》も字数にふくみます）

問五　――線②「もしかしたら『流れる』という言葉になんとなく縁起の悪い印象を抱いたのかもしれません」とありますが、「流」をこのような意味で用いている熟語として最も適当なものを次の中から選び、記号で答えなさい。

ア、流行　　イ、交流　　ウ、流言　　エ、急流

問六　本文中に登場する「黒田さん」について述べた次の文のうち、最も適当なものを次の中から選び、記号で答えなさい。

ア、怒りっぽいが、それに気づくとすぐに改められる人である。
イ、形式を重んじ、他人の伝言もおごそかに伝えたい人である。
ウ、めんどうなことは嫌いだが、頼まれたことはする人である。
エ、見た様子はこわくて無愛想だが、実は情にもろい人である。

問七　「清澄」という名前の由来は、どのような願いからのものですか。「～のように」という表現を用いて四十字以内で答えなさい。（句読点も字数にふくみます）

令和４年度

# 前　　期

# 入 学 試 験 問 題

# 算　　数

（　５０分　）

注 意 事 項

１．試験開始の合図があるまで問題用紙を開かないでください。
２．解答は必ず解答用紙に記入してください。
３．問題用紙，解答用紙に受験番号，名前を記入してください。
４．試験終了後は各自問題用紙を持ち帰ってください。

| 受 験 番 号 | 名前 | |
|---|---|---|
| | | |

近畿大学附属広島中学校福山校

＃教英出版 編集部　注
　編集の都合上、計算用紙は省略しています。

〔1〕 次の計算をしなさい。

（1） $72-57$

（2） $142857\times 3$

（3） $36-27\div 3$

（4） $\frac{1}{3}-\frac{1}{33}+\frac{1}{11}$

(5) $2.5 \div (7.2 - 6.8) \times 1.5$

(6) $\frac{2}{3} - 2.5 \times \frac{1}{9}$

(7) $0.36 \times 47 + 4 \times 3.6 + 0.036 \times 130$

(8) $\left(\frac{2}{5} + 0.2\right) \times \frac{8}{3} \div \left(5.3 - \frac{7}{2}\right)$

〔2〕 次の各問いに答えなさい。

（1） 25000円を，兄と弟で７：３に分けます。兄の金額はいくらになりますか。

（2） A町とB町の間を，行きは時速 12 km，帰りは時速８kmの速さで往復しました。往復の平均の速さは時速何kmですか。

（3） 13で割って余りが１，５で割って余りが２の整数の中で1000にもっとも近い数はいくつですか。

（4） 下の図のように，１辺の長さが６cmの正六角形と２種類の円があります。かげのついた部分の面積は合わせて何$cm^2$ですか。
ただし，円周率は3.14とします。

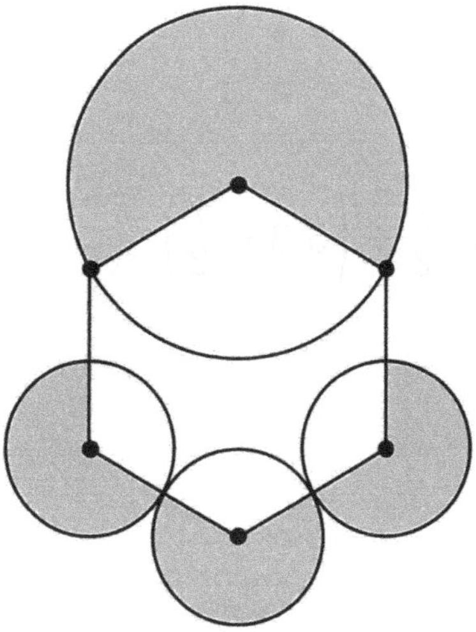

Ⅲ. （ア）石灰水，（イ）炭酸水，（ウ）アンモニア水，（エ）うすい塩酸，（オ）食塩水，（カ）水酸化ナトリウム水よう液の６種類の水よう液があります。以下の問いに答えなさい。

（問４）ＢＴＢよう液を入れると黄色になる水よう液を（ア）～（カ）からすべて選び，記号で答えなさい。

（問５）水よう液を蒸発皿にとって熱したあとに，白い固体が残る水よう液を（ア）～（カ）からすべて選び，記号で答えなさい。

（問６）（ア）と（イ）の水よう液を混ぜると，どのように変化するか答えなさい。

3 以下の問いに答えなさい。

Ⅰ. 長い年月をかけてたい積をくり返し，その重みでおし固められた岩石をたい積岩といい，さまざまな種類があります。【表2】はその種類と特徴をまとめたものです。以下の問いに答えなさい。

【表2】

| 岩石 | 特徴 |
|---|---|
| れき岩 | れき（直径が2mm以上のつぶ）がおし固められてできている |
| 砂岩 | 砂がおし固められてできている |
| 泥岩 | 泥がおし固められてできている |
| 石灰岩 | 生物の石灰分などがおし固められてできている |
| ぎょう灰岩 | 火山灰などがおし固められてできている |

（問1）次の文章はある地層の観察記録です。文章を読み，この地層からわかることとして関係のないものを（ア）～（エ）から1つ選び，記号で答えなさい。

『この地層は下からぎょう灰岩，れき岩，砂岩，ぎょう灰岩，泥岩の順で構成されており，砂岩の中からはアサリの化石が発見された。また，下から砂岩までの地層には地震による断層が確認された。』

（ア）過去には浅い海であったこと。
（イ）この付近で火山活動が複数回起こったこと。
（ウ）泥岩の層は，断層ができた後にたい積したこと。
（エ）過去にはアンモナイトやサンゴなどが生息していたこと。

（問2）（問1）の地層の，砂岩の層に含まれる小石は角が丸かった。このことと最も関わりの深い川の水のはたらきを（ア）～（ウ）から1つ選び，記号で答えなさい。

（ア）しん食作用　（イ）運ぱん作用　（ウ）たい積作用

Ⅱ. 火山について，以下の問いに答えなさい。

（問3）火口から，よう岩や火山灰などが出てくる現象を何というか答えなさい。

（問４）火山はマグマのねばりけによってさまざまな形となります。最もマグマのねばりけの小さい火山を（ア）～（ウ）から１つ選び，記号で答えなさい。

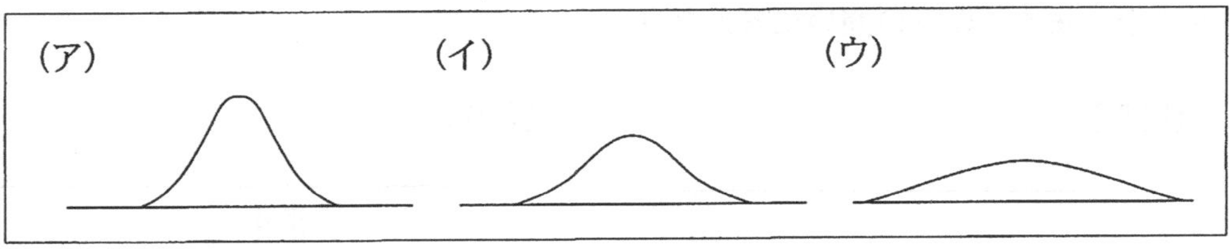


Ⅲ.【図４】は気象庁が発表したある日の気象衛星による写真です。以下の問いに答えなさい。

【図４】

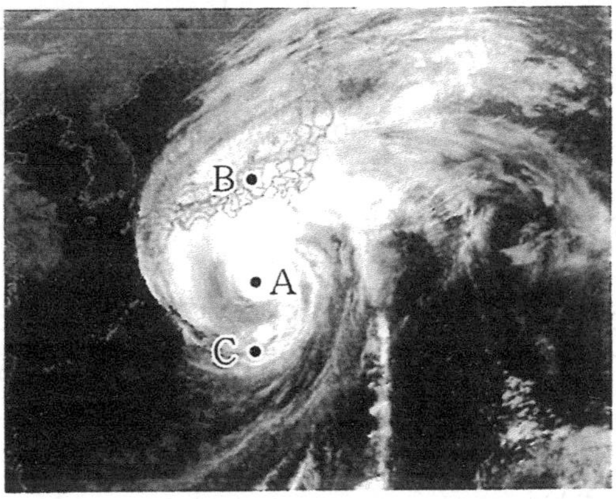


（問５）【図４】のような渦《うず》を巻いた雲は何によるものか，漢字２文字で答えなさい。

（問６）次の文章を読み，①～④に入る言葉の組み合わせとして正しいものを（ア）～（ク）から１つ選び，記号で答えなさい。

『【図４】は（　①　）といい，地球上の雲が動く様子をわかりやすく画像にしたものです。【図４】の（　①　）では渦を巻いた雲の様子が観察され，周囲では大雨・強風などに注意が必要です。この雲は地点Ａを中心に（　②　）まわりでまわっており，地点Ｂでは（　③　）よりの風，地点Ｃでは（　④　）よりの風が吹きます。』

| | ① | ② | ③ | ④ |
|---|---|---|---|---|
| （ア） | 雲画像 | 時計 | 東 | 西 |
| （イ） | 雲画像 | 時計 | 西 | 東 |
| （ウ） | 雲画像 | 反時計 | 東 | 西 |
| （エ） | 雲画像 | 反時計 | 西 | 東 |
| （オ） | アメダス | 時計 | 東 | 西 |
| （カ） | アメダス | 時計 | 西 | 東 |
| （キ） | アメダス | 反時計 | 東 | 西 |
| （ク） | アメダス | 反時計 | 西 | 東 |

4　【図5】のように長さ1mの棒を天井からつるし，２０ｇのおもりとおもりAを支えたところ，棒はつり合って水平になりました。棒の重さは考えなくてよいものとします。以下の問いに答えなさい。

【図5】

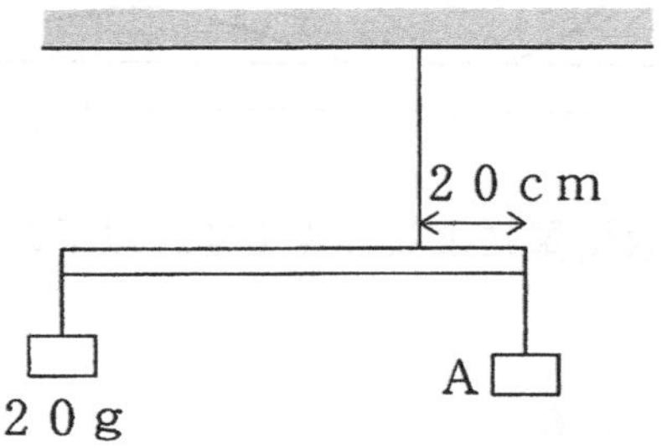


【図6】

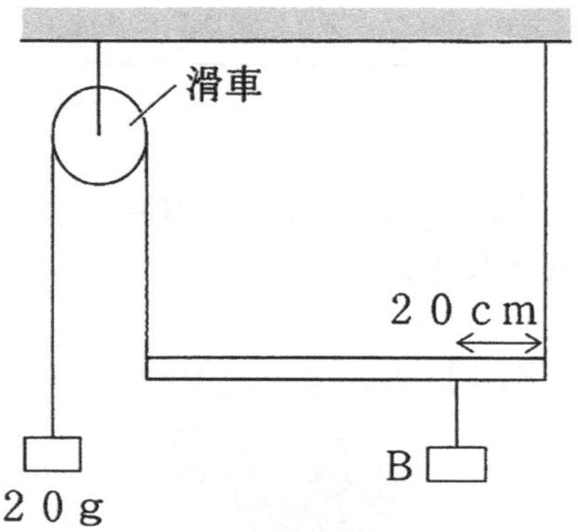


（問1）おもりAの重さを答えなさい。

次に，【図6】のように，滑車《かっしゃ》と長さ1mの棒を用いて，２０ｇのおもりとおもりBをつるしたところ，棒はつり合って水平になりました。滑車と棒の重さは考えなくてよいものとします。

（問2）おもりBの重さを答えなさい。

（問3）おもりBを取り外し，棒の中心に別のおもりをつるしたところ，棒がつり合って水平になりました。棒の中心につるしたおもりの重さを答えなさい。

【図7】のように長さ１ｍの棒と１０ｇのカゴを使って，てんびんばかりを作りました。カゴは棒の左端につるし，左端から２０ｃｍのところを糸で支え，６０ｇのおもりを自由な位置でつるせるようにします。ただし，棒の重さは考えなくてよいものとします。

（問4）棒の左端から２５ｃｍのところに最小目もりを，棒の右端から５ｃｍのところに最大目もりをつけました。このてんびんばかりの目もりで測れる最小の重さと最大の重さは，それぞれ何ｇか答えなさい。

【図7】

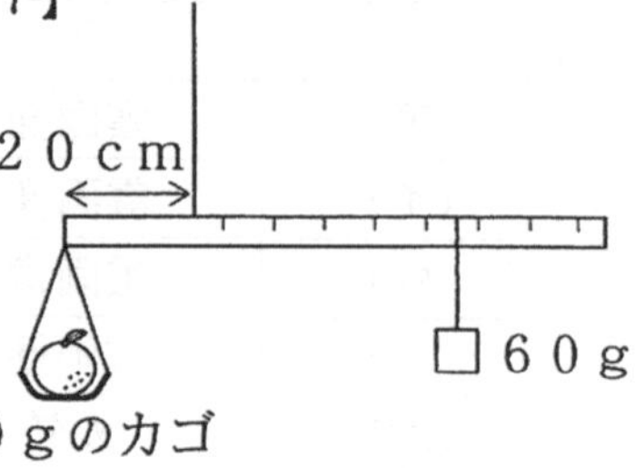

（5）　5％の食塩水が540gあります。この食塩水に食塩を加えると，10％の食塩水になりました。何gの食塩を加えましたか。

（6）　ある仕事を片付けるのにAさんは40分，Bさんは24分かかります。AさんとBさん2人で同時に仕事を片付けると何分かかりますか。

（7）　図のようなきまりにしたがって数字を決めます。アにあてはまる数は何ですか。

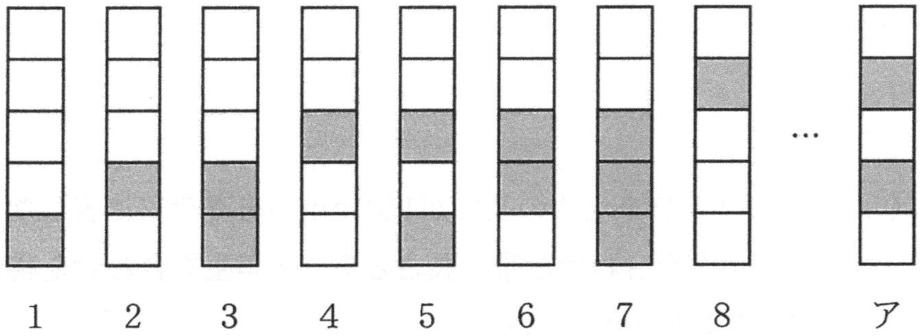

〔3〕 下の図は，あるソフトボールチームのメンバーの学年の割合を表した円グラフです。

このとき，次の各問いに答えなさい。

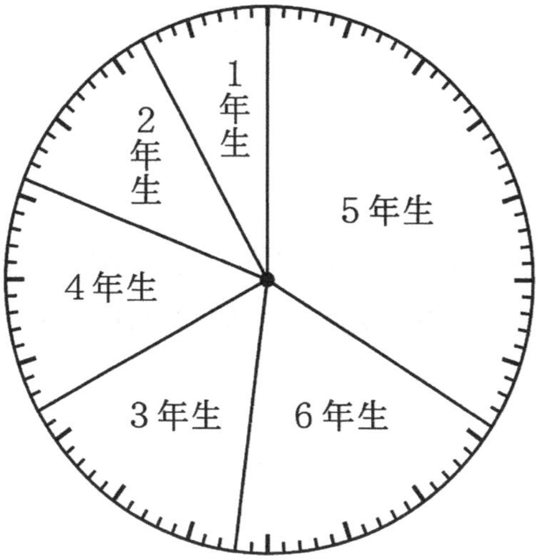


(※1目盛り＝1％)

（1） 4，5，6年生の人数の合計は全体の何％ですか。

（2） 3年生のグラフの中心の角の大きさは何度ですか。

（3） このグラフを全体の長さが150cmの帯グラフに表したとき，1，2年生を合わせた帯の長さと5，6年生を合わせた帯の長さのちがいは何cmですか。

令和４年度

# 前　期
# 入学試験問題

# 理　　科

（　２５分　）

注　意　事　項

1．試験開始の合図があるまで問題用紙を開かないでください。
2．解答は必ず解答用紙に記入してください。
3．問題用紙，解答用紙に受験番号，名前を記入してください。
4．試験終了後は各自問題用紙を持ち帰ってください。

| 受験番号 | 名前 | |
|---|---|---|
| | | |

近畿大学附属広島中学校福山校

## 1 植物と動物について，以下の問いに答えなさい。

I．同じ大きさの葉が４枚ついた植物の枝を，【図1】のように水の入った目もり付きの試験管に入れました。Aの葉には何もしませんでしたが，Bの葉の裏にはワセリンをぬり，気孔をふさぎました。４時間後の水の減少量を調べたところ，Aでは７．５目もり，Bでは３．５目もり減少していました。以下の問いに答えなさい。

【図1】

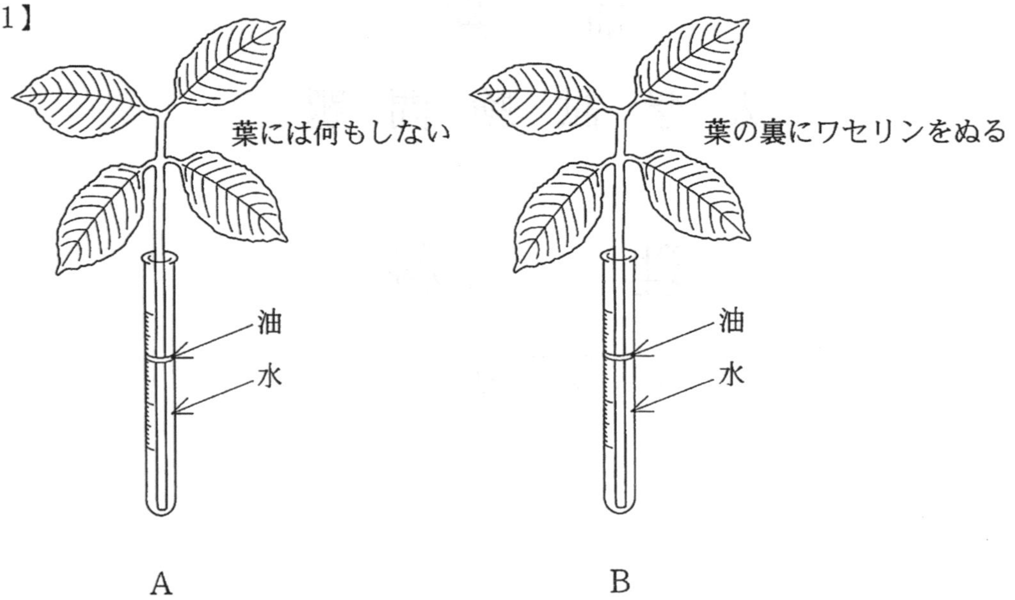


(問１）植物の葉から水蒸気が出て行くことを，何というか答えなさい。

(問２）（問１）のはたらきは，一般的にどのようなときに最もさかんになりますか。（ア）～（エ）から１つ選び，記号で答えなさい。

（ア）気温が高く，光が強いとき。
（イ）気温が高く，光が弱いとき。
（ウ）気温が低く，光が強いとき。
（エ）気温が低く，光が弱いとき。

(問３）（問１）のはたらきにより，1時間あたりにAの葉1枚の裏からは，何目もり分の水が水蒸気となって出て行ったか答えなさい。ただし，AとBのそれぞれの葉は，同じはたらきを持っているものとします。

Ⅱ. 魚（アジ）を解ぼうして，つくりを調べました。【図２】はその模式《もしき》図です。
以下の問いに答えなさい。

【図２】

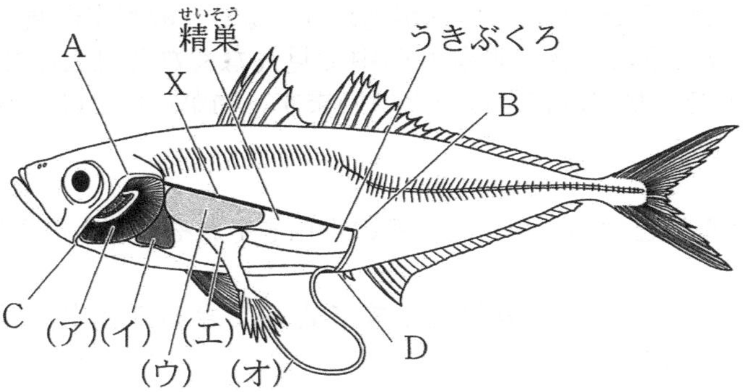


※内臓のつくりの一部は省略しています。

【図３】

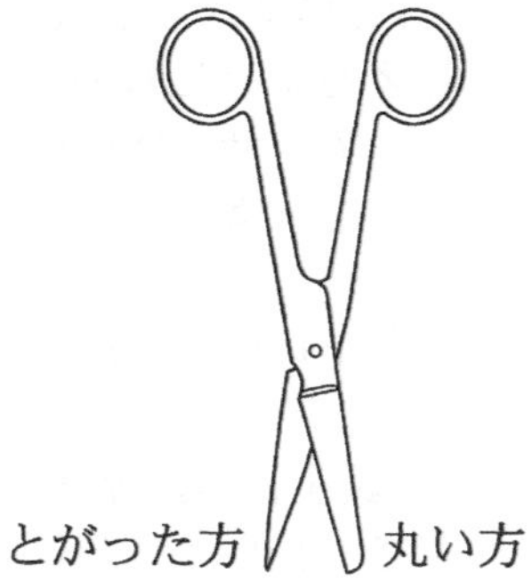


（問４）【図３】のように，解ぼうばさみの先は，とがった方と丸い方があります。解ぼうするとき，最初に入れて使うのはどちらか答えなさい。また，最初に解ぼうばさみで切る場所を，【図２】のＡ～Ｄから１つ選び，記号で答えなさい。

（問５）【図２】の線Ｘの部分を切る時には，解ぼうばさみのとがった方と丸い方のどちらを入れて使う方がよいか答えなさい。また，その理由を答えなさい。

（問６）【図２】の（ア）～（オ）から胃を選び，記号で答えなさい。

2　以下の問いに答えなさい。

Ⅰ．物のとけ方について，次の文章を読み，以下の問いに答えなさい。

『食塩やミョウバンを水に入れてまぜると，つぶが見えなくなり，液がすき通って見えるようになります。このように，物の形が水の中で見えなくなるほど小さくなって，液全体に広がることを，物が水にとけるといいます。物が水にとけた液のことを水よう液といいます。』

（問１）牛乳と泥水は，水よう液とはいいません。その理由をそれぞれ答えなさい。

Ⅱ．【表１】は，水の温度（℃）と水１００ｇにとかすことのできるミョウバンの重さ（g）との関係を表しています。

【表１】

| 水の温度（℃） | 0 | 20 | 40 | 60 |
|---|---|---|---|---|
| ミョウバン（g） | 6 | 12 | 24 | 58 |

（問２）６０℃の水２００ｇに８０ｇのミョウバンをとかしました。その後，４０℃に冷やすと，とけきれずに出てきたミョウバンは何ｇか答えなさい。

（問３）４０℃の水２５０ｇに５０ｇのミョウバンをとかし，２０℃に保ち放置しました。数日後，水よう液の重さをはかると，水が２５ｇ蒸発していることがわかりました。このとき，とけきれずに出てきたミョウバンは何ｇか答えなさい。

令和４年度

# 前　期

# 入 学 試 験 問 題

# 社　　会

（　２５分　）

注 意 事 項

１．試験開始の合図があるまで問題用紙を開かないでください。
２．解答は必ず解答用紙に記入してください。
３．問題用紙，解答用紙に受験番号，名前を記入してください。
４．試験終了後は各自問題用紙を持ち帰ってください。

| 受験番号 | 名前 | |
|---|---|---|
| | | |

近畿大学附属広島中学校福山校

1 日本の国土，自然，産業について，あとの各問いに答えなさい。

問１　日本各地の人々のくらしについて述べた文章としてまちがっているものを，つぎのア．～ウ．より１つ選び，記号で答えなさい。

ア．木曽川，長良《ながら》川，揖斐《いび》川がまざり合う輪中地帯では，洪水が起きやすく，少しでも高い土地に家を建てたり，水屋を建てたりして水害から暮らしを守ってきた。

イ．群馬県嬬恋《つまごい》村のまわりには，浅間山や富士山など高さ2000mをこえる山が複数あり，高原ならではの夏でもすずしい気候を生かして，キャベツなどの高原野菜が栽培されている。

ウ．日本の中でも雪が多く積もる地域の１つである秋田県横手市では，「雪となかよく暮らす条例」を定めて，雪から暮らしを守るとともに，雪を生かし，雪とともに暮らす町づくりを進めている。

問２　日本で水産業がさかんなのはなぜですか。日本の地形的・自然的な特徴《とくちょう》から，考えられる理由を１つ，答えなさい。

問３　日本のおもな伝統工芸品とその都道府県の組み合わせとしてまちがっているものを，つぎのア．～エ．より１つ選び，記号で答えなさい。

ア．輪島ぬり（石川県）　　イ．西陣織（奈良県）

ウ．備前焼（岡山県）　　エ．丸亀うちわ（香川県）

問４　日本の自然災害と防災について述べた文章ＡとＢの文の正誤の組み合わせとして正しいものを，下のア．～エ．より１つ選び，記号で答えなさい。

Ａ　自然災害が多い日本では，各地に災害を伝える記念碑《ひ》が建てられており，地域のみんなで記念碑に込められた先人の思いを語りついでいくことも，災害から身を守る上で大切なことである。

Ｂ　国や都道府県，市町村は，ふだんから自然災害がおきたときの被害を少なくするために，土砂くずれがおこりそうなところには堤防《ていぼう》をつくったり，河川が大雨などで増水しても町や農地などへ流れ込まないように砂防ダムをつくったりしている。

ア．Ａ－正　Ｂ－正　　イ．Ａ－正　Ｂ－誤

ウ．Ａ－誤　Ｂ－正　　エ．Ａ－誤　Ｂ－誤

2　２０２１年のできごとについて，あとの各問いに答えなさい。

問１　１月，（　　　）を初めて非人道的《ひじんどうてき》で違法とする「（　　　）禁止条約」が発効《はっこう》になりました。この条約は，被爆者（ヒバクシャ）の苦しみと被害に触れ，人道の諸原則の推進のために，（　　　）廃絶《はいぜつ》に向けて被爆者などが行ってきた努力にも言及《げんきゅう》しています。空欄《らん》にあてはまる語句を答えなさい。

問２　７月，日本の世界遺産として，２つの登録が決定されました。

（１）新しく自然遺産に登録された奄美《あまみ》大島や西表《いりおもて》島などは，何県に属しますか。関係する県名を２つ，答えなさい。

（２）今回登録されたことにより，日本国内の自然遺産は，2011年の（　ア　）諸島に続いて（　イ　）件目となりました。文中の空欄（　ア　）・（　イ　）にあてはまる語句・数字を，それぞれ答えなさい。

（３）文化遺産に登録された，北海道や青森県などの建物は，何時代のものですか。つぎのア．～エ．より１つ選び，記号で答えなさい。

ア．縄文時代　　イ．弥生時代　　ウ．古墳時代　　エ．奈良時代

問３　７月から９月にかけて，東京オリンピック・パラリンピックが開催《かいさい》されました。

（１）東京オリンピックの聖火リレーは，「（　　　）都道府県を１万人で行う」として実施されました。都道府県は「１都１道（　ア　）府（　イ　）県」からなっています。文中の空欄（　ア　）・（　イ　）にあてはまる数字を，それぞれ答えなさい。

（２）東京オリンピックの開会式では，競技をあらわす「ピクトグラム（＝絵文字）」を表現した演技が話題となりました。この「ピクトグラム」は1964年の東京オリンピックから世界に広がったといわれています。このような「ピクトグラム」を使うことで，どのようなよいことがありますか。「言語」という語句を使って，簡単に述べなさい。

（3）今回の東京オリンピックではじめて採用された競技としてまちがっているものを，つぎのア．～エ．より1つ選び，記号で答えなさい。

ア．スケートボード　イ．スポーツクライミング　ウ．ソフトボール
エ．サーフィン

**3** つぎの文章を読んで，あとの各問いに答えなさい。

今年の冬休みの宿題は，「歴史上の人物に対して，年賀状を書く」というものでした。その人物の功績やその人物の人生においておこったできごとについて必ず触れることによって，だれに対して書かれた年賀状かわかるようにしなければいけません。

つぎのAさん～Eさんが歴史上の人物にあてて書いた年賀状を読んで，あとの各問いに答えなさい。

Aさん

あけましておめでとうございます。武士として初めて幕府を開いたあなたの力は魅《み》力的です。戦《いくさ》で活躍《やく》した弟と最後に戦わなくてはいけなかったのは，残念でしたね。日本全体を支配するために国ごとに守護，荘園には（　1　）を置くというやり方も素晴らしいと思います。(あ) 最後に…一族の繁栄《はんえい》をお祈りします。

今年もよろしくお願いします。

Bくん

あけましておめでとうございます。当時のアメリカでの生活はいかがでしたか？6歳で留学するなんて本当にすごいですね。自分の一生を女子教育のためにささげて大学までつくるなんて感動しました。(い) 2024年にはあなたの肖像が，新5千円札に印刷されるそうですね。ぼくも手にできることを楽しみにしています。

今年もよろしくお願いします。

Cさん

A Happy New Year!　昨年は，トランプさんをやぶって新しい大統領に就任されましたね。わたしたちの国よりは歴史は浅いですが，1776年に（　2　）から独立した後，(う) 鎖《さ》国をしていたわたしたちの国を開国させ，2つの世界大戦でも勝利

| 受験番号 | 名前 |
| --- | --- |
| | |

# 令和４年度　前期　近畿大学附属広島中学校福山校入学試験　国　語　解答用紙

## 一

問一
①
②
③
④

問二
①
②
③
④
⑤
⑥

| 得点 | |
| --- | --- |

## 二

問一
A
B
C

問二

問三
ⓐ
ⓘ

問四

問五
Ⅰ
Ⅱ

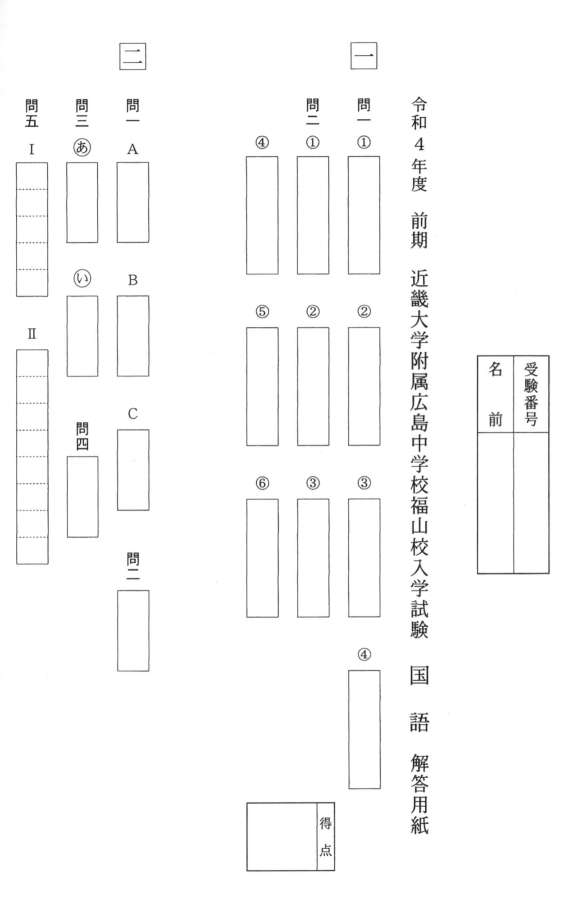

〔4〕

(1) 

(2) 

(3) 

左から＿＿＿番目のグループの＿＿＿個目

〔5〕

(1) m

(2) ア イ ウ

(3) 

| 総　得　点 |
| --- |
| |

※100点満点
（配点非公表）

3

| | | | |
|---|---|---|---|
| 問1 | | 問2 | |
| 問3 | | 問4 | |
| 問5 | | 問6 | |

| 得　点 |
|---|
| |

4

| | | | |
|---|---|---|---|
| 問1 | g | 問2 | g |
| 問3 | g | | |
| 問4 | 最小の重さ　g | 最大の重さ　g | |

| 得　点 |
|---|
| |

| 総　得　点 |
|---|
| |

※50点満点
（配点非公表）

| | | | | |
|---|---|---|---|---|
| E | 問2 | 1) | 2) | 問3 (1) |
| (2) | (3) | | (4) | (5)　　の戦い |

| 得　点 |
|---|
| |

4

| | | | | | |
|---|---|---|---|---|---|
| 問1 | (1) | (2) | 問2 | | 問3 (1) |
| (2) | | 問4 | | | |

| 得　点 |
|---|
| |

| 総　得　点 |
|---|
| |

※50点満点
（配点非公表）

| | |
|---|---|
| 受験番号 | |
| 名　　前 | |

# 令和４年度　前期　近畿大学附属広島中学校福山校　入学試験　社 会　解答用紙

1

| | | | |
|---|---|---|---|
| 問1 | | 問2 | |
| 問3 | | 問4 | |

| 得　点 |
|---|
| |

2

| | | | | |
|---|---|---|---|---|
| 問1 | | 問2 | (1)（　　　　）県・（　　　　）県 | (2) ア) |
| (2) イ) | (3) | 問3 | (1) ア) | イ) |
| (2) | | | | |
| (3) | | | | |

| 得　点 |
|---|
| |

【解答用

| | |
|---|---|
| 受験番号 | |
| 名　　前 | |

# 令和４年度　前期　近畿大学附属広島中学校福山校　入学試験　理　科　解答用紙

## 1

| | | | | | |
|---|---|---|---|---|---|
| 問1 | | 問2 | | 問3 | 目もり |
| 問4 | 解ぼうばさみの先 | | 最初に切る場所 | | |
| 問5 | 解ぼうばさみの先 | | | | |
| | 理由 | | | | |
| 問6 | | | | | |

| |
|---|
| 得　点 |
| |

## 2

| | | | |
|---|---|---|---|
| 問1 | 牛乳… | | |
| | 泥水… | | |
| 問2 | g | 問3 | g |
| 問4 | | 問5 | |

| |
|---|
| 得　点 |

【解答

| | |
|---|---|
| 受験番号 | |
| 名　　前 | |

# 令和４年度　前期　近畿大学附属広島中学校福山校　入学試験　算　数　解答用紙

〔1〕

| | | | | | | | |
|---|---|---|---|---|---|---|---|
| (1) | | (2) | | (3) | | (4) | |
| (5) | | (6) | | (7) | | (8) | |

〔2〕

| | | | | | |
|---|---|---|---|---|---|
| (1) | 円 | (2) | 時速　　km | (3) | |
| (4) | $cm^2$ | (5) | g | | |
| (6) | 分 | (7) | | | |

【解答

問六

得点

三

問一

ⓐ

ⓑ

問二

A

B

C

D

問三

Ⅰ

Ⅱ

Ⅲ

Ⅳ

問四

問五

問六

問七

得点

※100点満点
（配点非公表）

総得点

して世界のリーダー的な役割をになっておられますね。今後もSDGsの目標達成のために協力していきましょう。よろしくお願いします。

Dくん

あけましておめでとうございます。ぼくは，あなたの絵が大好きになりました。先日，京都国立博物館であなたの描いた「天橋立図」を見ました。どうやったらいろんな色を使わずに，(え) 水とすみだけであんなに素晴らしい絵が描けるのだろうと不思議に思いました。これからも機会があればあなたの描いた絵を見に行きたいと思っています。今年もよろしくお願いします。

Eさん

あけましておめでとうございます。ホトトギスがやっと鳴きましたね。私は，正直言ってあなたが天下を取るとは思っていませんでした。でも (お) いろんな人にこまめに手紙を送って，だいじなときには動いてくれるように準備をしていたのですね。こどものころは，いろんな家の人質《ひとじち》として大変な人生をおくってこられましたね。そのがまん強さが，天下統一の絶好のタイミングをはかることにつながったのですね。あなたが作った町は，現在も日本の首都として発展しています。これからも楽しみですね。よろしくお願いします。

問１　Ａさん～Ｅさんが年賀状をあてて書いた人物はだれですか。それぞれ，答えなさい。

問２　文章中の空欄（　１　）・（　２　）にあてはまる語句を，それぞれ答えなさい。

問３　文章中の下線部（あ）～（お）について，つぎの各問いに答えなさい。

（１）下線部（あ）について，この後，一族は繁栄《はんえい》せず，代わって執権《しっけん》をつとめた一族が政治をになうことになりました。この執権をつとめた一族とは何氏ですか。正しいものを，つぎのア．～エ．より１つ選び，記号で答えなさい。

ア．北条氏　　イ．藤原氏　　ウ．足利氏　　エ．上杉氏

（2）下線部（い）について，同じ2024年に，１万円札の肖像《しょうぞう》に描かれる人物はだれですか。正しいものを，つぎのア．～エ．より１つ選び，記号で答えなさい。

ア．夏目《なつめ》漱石《そうせき》　イ．渋沢《しぶさわ》栄一《えいいち》　ウ．北里《きたざと》柴三郎《しばさぶろう》　エ．福沢《ふくざわ》諭吉《ゆきち》

（3）下線部（う）について，日本に開国を求めたときに，浦賀にやってきた人物はだれですか。答えなさい。

（4）下線部（え）について，水とすみだけで描く絵を何といいますか。漢字３字で答えなさい。

（5）下線部（お）について，この手紙のあて名の人物は，「天下分け目のだいじな戦」の前にもいろいろな大名に手紙を送ったといわれています。この「天下分け目のだいじな戦」とは何ですか。漢字で答えなさい。

## 4　日本の政治について，あとの各問いに答えなさい。

問１　日本国憲法について，つぎの各問いに答えなさい。

（1）　日本国憲法についての記述として正しいものを，つぎのア．～ウ．より１つ選び，記号で答えなさい。

ア．日本国憲法は，1946年5月3日に公布され，11月3日に施行された。

イ．日本国憲法は，戦後に行われた衆議院議員総選挙によって選ばれた，国民の代表者による話し合いによって制定された。

ウ．日本国憲法の三大基本原理は，国民主権，基本的人権の尊重，地方自治である。

（2）日本国憲法に定められている国民の義務は，「教育」と「納税」とあと１つは何ですか。漢字２字で答えなさい。

問2　国会と内閣についての記述としてまちがっているものを，つぎのア．～ウ．より1つ選び，記号で答えなさい。

ア．国会は立法機関，内閣は行政機関として，国内の政治を行っている。

イ．国会は，衆議院と参議院の二院制で，両院の議員はともに国民の選挙によって選ばれる。

ウ．内閣の最高責任者は内閣総理大臣であり，その地位は日本国憲法によって象徴《しょうちょう》と規定されている。

問3　裁判所について，つぎの各問いに答えなさい。

（1）日本の裁判についての記述としてまちがっているものを，次のア．～ウ．より1つ選び，記号で答えなさい。

ア．地方裁判所と家庭裁判所は，全ての都道府県に設置されている裁判所である。

イ．国民から選ばれた裁判員は，被告人の有罪か無罪か，有罪の場合にはどのような刑にするのかを判断する。

ウ．すべての裁判所の裁判官は，裁判官になった後に必ず国民審査《しんさ》を受ける。

（2）右の写真は，国内の裁判において最終的な判断をくだす裁判所の法廷です。この裁判所の名称を答えなさい。

問4　国の権力を，立法，行政，司法の三つに分けることで，権力が1つのところに集まることをさけるしくみを何といいますか。漢字で答えなさい。

令和３年度

# 前　期

# 入学試験問題

# 国　語

（　５０分　）

注意事項

１．試験開始の合図があるまで問題用紙を開かないでください。
２．解答は必ず解答用紙に記入してください。
３．問題用紙，解答用紙に受験番号，名前を記入してください。
４．試験終了後は各自問題用紙を持ち帰ってください。

| 受験番号 | 名前 | |
|---|---|---|
| | | |

近畿大学附属広島中学校福山校

# 一 次の問いに答えなさい。

問一　各文の＝＝線の漢字の読みを、それぞれひらがなで書きなさい。

①　それはこの家の死活問題だ。

②　彼《かれ》は直情径行の男だ。

③　文化祭で輪唱する。

④　劇の配役を決める。

問二　各文の＝＝線のカタカナを、それぞれ漢字に直しなさい。

①　アメリカタイリクを横断する。

②　だいたいのケントウをつける。

③　部下に方法をシジする。

④　自宅のシュウヘンを清掃《せいそう》する。

⑤　仕事でノウソンを訪れる。

⑥　マズしい人々に募金《ぼきん》をする。

二　次の文章を読んで、後の問いに答えなさい。

明治維新《いしん》以後、日本人はアメリカ人やイギリス人が着ている洋服を着るようになりました。最初は天皇が西洋の軍服を着ました。次に男性の華族《かぞく》や役人や会社員たちが洋服を着るようになりました。女性は、天皇家の人々や華族たちが洋服を着ました。①それはなぜでしょうか？今、私たちは洋服の方が安くて楽だから洋服を着ますが、当時は洋服の方が高価で、決して楽ではなかったのです。その証拠《しょうこ》に男性たちは勤め先から帰ってくると着物に着替《きが》えてくつろぎました。勤めに出ない女性たちはもっぱら着物を着ていました。天皇や政治家が率先《そっせん》し、服装の欧米化《おうべいか》がおこなわれたのです。その傾向《けいこう》は戦後（一九四五～）ますます強まり、女性たちも洋服※一辺倒《いっぺんとう》になって、今日に至ります。着物はほとんどの人が着ないので、今ではとても高価なものになってしまいました。

それは洋服の方が美しいからでしょうか？［　A　］今、ラオスやミャンマーに行くと、多くの男性が巻きスカートです。しかし都会ではジーンズをはく人も多くなっています。［　あ　］的に見て、巻きスカートの方がはるかに美しく、［　B　］、温度湿度《しつど》の高い地域ではその方が楽に決まっています。にもかかわらず彼《かれ》らはジーンズを「かっこいい」と思うからはくのです。同じように、明治維新以後と戦後の日本人は、※客観的には着物より不格好であっても、主観的には洋服の方が「かっこいい」と思い込《こ》んで着るようになりました。これがグローバリゼーションの一つの側面です。［　C　］、自国と外国のあいだに、価値の高低をつけたのです。欧米文化の価値は高く、日本文化の価値は低い、ということにしたのです。なぜかというと、技術や政治のみならず生活まですべて欧米化すれば「世界に認められる」と考えたからです。冷静に考えれば、衣食住まで変える必要はありません。より良いと思える技術や政治手法は導入し、そう思えないものは導入せず、生活のしかたはそのままで良いわけです。［　D　］明治維新と戦後に起こったことは、都市の設計、建築物、エネルギー政策、衣類、食べ物に至るまで欧米化することでした。こうしないと世界の中で生きて行かれないからではなく、欧米社会の生活を「豊かさ」だと思い込み、そこに「幸せがあるはずだ」と考え、それを目標にしてしまったのです。
②これはまた、日本の側だけの事情ではありません。アメリカは小麦やミルクや肉や自動車や洋服生地《きじ》やナイロンを売る市場を探していました。占領《せんりょう》下に置いた日本は、ものを売る先として、もっとも都合がよかったのです。そのようなアメリカの事情は現在でも同じです。今は、日本に米や保険や高度医療《いりょう》を売ろうとしています。

グローバリゼーションには③長所と欠点があります。大量に製品を作ったり、広い土地で農業ができる国が、生産力の劣《おと》る国に大量に安く商品を売ることで、ものや文化の多様性が失われ、国の自立性が無くなります。また、軍事力の弱い国が強い国のあらゆる面を模倣《もほう》し依存《いぞん》することで地球上の文化が多様性を失います。それらの点が短所です。明治以降の日本はその短所の方を選んでしまったわけです。戦後も、二〇一一年には貿易のさらなる自由化によって、また同じ選択《せんたく》をしました。

もう一度、江戸《えど》時代に戻ってみましょう。※羽織や着物や帯の事例で分かってきたと思いますが、戦国時代から江戸時代の日本人は、ポルトガル船やオランダ東インド会社船が運んできた衣類を、全面的に受け容《い》れたわけではありませんでした。彼らが導入したのは「生地」でした。そこには暖かい素材、美しい色彩《しきさい》、面白《おもしろ》い文様やデザインがあり、その面白さ美しさを採用しました。ついでにズボンもシャツも取り入れてみましたが、シャツはあまり拡《ひろ》がらずズボンは部分的に採用されました。食べ物では、金平糖《こんぺいとう》やカステラやどら焼きは江戸時代に入ると、とても一般的《いっぱんてき》なお菓子《かし》になりました。

（中略）

江戸時代は中国、朝鮮《ちょうせん》、琉球《りゅうきゅう》、インド、インドネシア、ヴェトナム、カンボジア、南ヨーロッパ、北ヨーロッパなど、それぞれ異なる文化の影響《えいきょう》を受けながらも、どこに偏《かたよ》るでもなく、必要なものをもらいながら、日本文化を作り上げていました。これを「内発的発展」と言います。「内発的発展」こそが、グローバリゼーションがもたらす長所です。

内発的発展とは、どこからも影響を受けずに閉じた空間で独自の発展を遂《と》げることではありません。あらゆる情報を獲得《かくとく》し、その場所の気候や自然環境《かんきょう》や歴史や職業や今後の仕事の可能性に沿いながら、人々がうまく生活していかれるように取捨選択《しゅしゃせんたく》して経済システムを作り上げてゆくことです。

自然環境を無視して技術だけを導入すると、とんでもないことが起こってきます。自然環境は人の力で変えられないので、それを無視すると大きな災害が起きたり、膨大《ぼうだい》なコストがかかったりするのです。そこから考えると、内発的発展に知恵《ちえ》を絞《しぼ》るのは、とても重要なことなのです。

（田中優子《たなかゆうこ》『グローバリゼーションの中《なか》の江戸《えど》』岩波ジュニア新書）

注　※　一辺倒＝一方だけにかたよること、集中すること

※　グローバリゼーション＝国を超《こ》えて地球規模《きぼ》で交流などが拡大すること

※　羽織や着物や帯の事例＝筆者はこの文章の前の部分で、日本独自のものと思われているものが、実は外国から取り入れた部分もあるということをいろいろと紹介《しょうかい》している

問一　[A]～[D]に入れる語として最も適当なものを次の中から選び、それぞれ記号で答えなさい。

ア、また　イ、つまり　ウ、しかし　エ、たとえば

問二　[ あ ] に入る二字の言葉を本文中からぬき出して答えなさい。

問三　――線①「それはなぜでしょうか」とありますが、その理由として最も適当なものを次の中から選び、記号で答えなさい。

ア、当時は着物より洋服の方が高価で立派に見えたから。
イ、家に帰ってから着物に着替えるのがめんどうだから。
ウ、洋服の生地や色彩などが着物よりすぐれていたから。
エ、欧米のまねをして世界に認めてもらおうとしたから。

問四　――線②「これ」の指す内容として最も適当なものを次の中から選び、記号で答えなさい。

ア、豊かな欧米社会の生活を目標にしたこと。
イ、日本におけるグローバリゼーション。
ウ、欧米文化の価値が日本より高いということ。
エ、よいと思える技術や政治手法だけ導入したこと。

問五　――線③「長所と欠点」とありますが、

(1) 筆者が「長所」として表現した五字の言葉を本文中からぬき出して答えなさい。

(2) (1)で答えたものを分かりやすく五十五字以内で説明しなさい。（句読点《くとうてん》も字数にふくみます）

(3) 「欠点」を説明した次の文の（　Ⅰ　）～（　Ⅳ　）に適当な言葉を補って、文を完成させなさい。ただし、いずれも三字で、本文中からそれぞれぬき出して答えなさい。

（　Ⅰ　）や（　Ⅱ　）で劣る国が、それらの強い国からの影響を受けることで、国の（　Ⅲ　）が無くなり、地球上の文化が（　Ⅳ　）を失うこと。

問六　本文には次の文がぬけています。この文が入るところの直後の五字をぬき出して答えなさい。（句読点も字数にふくみます）

たとえば森林に恵《めぐ》まれているのに木材を外国から輸入して森林崩壊《ほうかい》になるとか、雪で倒《たお》れることがわかっている高山に杉《すぎ》を植えるとか、湿度が高いのにそれを吸収できない建築材料を使うとか、地震《じしん》が多い国土に原子力発電所をたくさん作るなどは、実際に日本がやってきたことです。

問七　次に示すのは、四人の生徒が本文の内容について話したものです。本文の内容を正しくとらえているものを次の中から二つ選び、記号で答えなさい。

ア、生徒A――本文によると、明治時代と江戸時代でのグローバリゼーションは全く異なっていて、江戸時代のグローバリゼーションのほうが良い形だと言っているよね。

イ、生徒B――江戸時代は関係ないでしょ。この文章は、確かに明治維新で失ったものはあるけれど、欧米化によって世界に認められるきっかけとなった重要な時代だと言っていると思うな。

ウ、生徒C――いやいや。江戸時代のように、外国のものをすべて受け入れるのではなく良いと思うものを取り入れて自分たちの文化にしていくようにすべきだったと筆者は主張しているのよ。

エ、生徒D――そうそう。江戸時代の鎖国のようにできるだけ閉じた空間で独自の発展を遂げることを筆者は「内発的発展」と言っていて、そこに知恵を絞ることが、とても重要だと本文では述べられているよね。

三

野鳥を保護することは禁じられていますが、「里津子《りつこ》」は、けがをしたカラスを目撃《もくげき》し、思わず保護しました。家へ連れて帰ると、息子の「陽一《よういち》」はカラスに「ジョンソン」と名づけ、世話を始めます。一方、「里津子」と「陽一」が住むアパートの人々は、カラスを害鳥として駆除《くじょ》しようとしています。次の文章は、「ジョンソン」の鳴き声で、アパートの人々に、カラスの存在が知られてしまうのではないかと警戒《けいかい》する場面の続きです。文章を読んで、後の問いに答えなさい。

昼間だというのに、内側からドアチェーンがかけられていた。

陽一はやはり部屋にいた。

里津子は①感情を押し殺した声で何度か呼びかけた。すると台所の陰《かげ》から陽一がⓐ観念した顔で現れた。ドアは一度閉められ、ⓑもどかしい音とともにチェーンがはずされた。

一瞬《いっしゅん》、手が出そうになった。

乱暴な言葉も飛び出そうだった。

だが、その資格があるのかという問いかけが里津子を抑《おさ》えこんだ。

陽一がなぜ学校をずる休みしたのか、その理由は明らかだった。

ジョンソンのためなら、それを連れてきた自分にもっと大きな責任がある。

原因は母である里津子が作ったのだ。Xなにもかも、今、陽一を取り巻いている状況《じょうきょう》はすべて里津子が作りだした。

「ごめんなさい」

陽一の手には洗剤《せんざい》の泡《あわ》がついていた。詫《わ》びて頭を下げるときに、その泡も落ちた。

使ってもいない箸《はし》を毎日洗っていたのだろうか。

「お箸、毎日洗っていたの？」

「うん、洗った」

「なんで?」

わかっているのに里津子は聞いた。

「だって……」

陽一の声がもつれた。べそをかく寸前らしい。

「使ってないってばれたら、学校行ってないってわかっちゃうから」

「じゃあ、昼はなにを食べていたの?」

陽一は返事をしなかった。

「ね、なにを食べていたの、陽ちゃん」

「食べてない」

泣くまいとしているのか、陽一は唇《くちびる》を真［ A ］文字に結んだ。

「陽ちゃん、ばかね。なにも食べずにお箸やフォークを毎日洗っていたの?」

「だって」

「だって?」

「ジョンソンが鳴いたら……殺されちゃう」

「陽ちゃん、一週間ずっとジョンソンの横にいたの?」

「うん」

名前を呼ばれたためか、ジョンソンが段ボールの箱のなかでがさがさ暴れ始めた。陽一は箱のふたを取ろうとして、しかし足を止めた。下から見上げるように里津子の［ B ］をうかがっている。

里津子はゆっくりと陽一に近づいていった。

さっきまで思い切り手が出そうだったのに、②手のひらは陽一の頭に柔《やわ》らかく落ちた。

「ごめんなさい」
　陽一がまた頭を下げる。里津子は坊主刈《ぼうずが》りのその頭を撫《な》でる。
「陽ちゃん」
「うん」
「嘘《うそ》をついたことは良くないけれど……そんなに頑張《がんば》っていたなんて、お母さん、気がつかなかった」
「先生にばれたの？」
「ばれたからお母さんが来たんじゃない」
「どうしよう、俺《おれ》」
　里津子は陽一の肩《かた》に手を回してぐっと引き寄せた。
「ジョンソンはもう、今夜放しに行きましょう。お母さん、カラオケの仕事は休むから。それで明日、先生のところにいっしょに行こう。お母さんもいっしょに謝る。陽ちゃんはⓒ洗いざらい本当のことを先生に話しなさい。お母さんもちゃんと話す。作り話より、その方がきっとわかってくれると思う」
「うん。でも……」
　がさがさ音のする段ボール箱を陽一が見た。
「今夜から生きていけるかな、ジョンソン」
「生きていけるよ。もう傷も治ったんだし」
「どこに放すの」
「それは今から考えよう。お母さん、今日はお昼ご飯作るよ」
　里津子は工場に電話すると、今日はもう再出社できないことを伝えた。電話に出たのは総務の男性社員で、はっきりと叱《しか》られた。早退を許しているのだから、こういうことが重なるようであれば契約《けいやく》を見直すと言う。「申し訳ありません」と里津子は繰《く》り返し、受話器をそっと置いた。
　それから冷蔵庫を開け、なかにあるものを確かめた。
　清掃員《せいそういん》のユニフォームの袖《そで》をまくり、台所に立った。
　陽一の洗った箸とフォークが水切りに並んでいる。
　③それをまっすぐに見られず、里津子は一度目を離《はな》した。そのまま流しの縁《ふち》を握《にぎ》り、今度は目をつぶった。

　焼きそばと目玉焼きが昼のメニューになった。
　陽一は皿に半分ほど残した。
［　　C　　］。先生に謝らなければいけないこと。協力してくれた友達もいっしょに叱られるであろうこと。この三つで胸がいっぱいなのだという。たしかにそうだろうと思う。四十歳《さい》の里津子でさえ同じなのだ。ジョンソンのことはともかく、担任への弁明を考えると焼きそばを作りながらも胸が苦しくなった。
　元気に食べているのはジョンソンだけだった。
　陽一がちぎった二本の竹輪《ちくわ》をあっという間に平らげてしまった。
　それからクアーッと大きく鳴き、天井に直接頭をぶつける飛翔《ひしょう》を見せた。

（ドリアン助川《すけがわ》『カラスのジョンソン』）

問一　～～～線ⓐ「観念した顔」、ⓑ「もどかしい」、ⓒ「洗いざらい」の意味として最も適当なものを次の中から選び、それぞれ記号で答えなさい。

ⓐ「観念した顔」

ア、集中して考えぬいた顔
イ、失敗した自分を恥《は》じている顔
ウ、覚悟《かくご》して状況を受け入れた顔
エ、大切なことを悟《さと》った顔

ⓑ「もどかしい」

ア、経過がこみいっていて、複雑だ
イ、手に負えなくて、たいそう困る
ウ、不思議で、合点がいかない
エ、思うようにならず、いらいらする

ⓒ「洗いざらい」

ア、すべて
イ、詳しく
ウ、明快に
エ、堂々と

問二　[ A ]、[ B ] に入れるのに最も適当なものを次の中から選び、それぞれ記号で答えなさい。

ア、一　　イ、十　　ウ、百　　エ、目　　オ、気　　カ、顔

問三　＝＝線X「なにもかも」が意味上かかっていく語句を次の中から一つ選び、記号で答えなさい。

Xなにもかも、今、ア陽一を　取り巻いている　イ状況は　すべて　ウ里津子が　エ作りだした。

問四　――線①「感情」とありますが、どのような感情ですか。二十字以内で答えなさい。
（句読点《くとうてん》も字数にふくみます）

問五　――線②「手のひらは陽一の頭に柔らかく落ちた」とありますが、このときの「里津子」の気持ちを四十五字以内で答えなさい。（句読点も字数にふくみます）

問六　―――線③「それをまっすぐに見られず、里津子は一度目を離した」とありますが、それはなぜですか。理由を説明した次の文の（　Ⅰ　）、（　Ⅱ　）に適当な言葉を補って、文を完成させなさい。ただし、（　Ⅰ　）は十字、（　Ⅱ　）は十四字で、それぞれ本文中からぬき出して答えなさい。（句読点も字数にふくみます）

| |
|---|
| 陽一が昼食を食べずに（　Ⅰ　）という行動の原因を考えると、（　Ⅱ　）から。 |

問七　［　C　］に入れるのに適当な語句を十五字以内で答えなさい。

問八　次に示すのは、四人の生徒が本文について話したものです。本文の内容を正しくとらえているものを次の中から一つ選び、記号で答えなさい。

ア、生徒A――「里津子」は、料理を手早く作っているし、たくさんの仕事をこなしているらしい。誰からも頼りにされていることがよく分かるよ。

イ、生徒B――「里津子」は「陽一」のことを大事にしているね。「陽一」が家で過ごすことで昼食がないのを知って、かわいそうだからと、仕事を休んで家に帰ってきているんだ。

ウ、生徒C――「陽一」は、「ジョンソン」を守ろうとして必死になって頑張っているね。「ジョンソン」が元気になって自然に帰れるように、一週間ずっとつきそっていたんだよ。

エ、生徒D――「ジョンソン」は、近くに「陽一」がいると静かにしていることや、自分の名前に反応していることなどから、この家族になじんでいると考えられるね。

2021(R3) 近畿大学附属広島中福山校
教英出版

令和３年度

# 前　期
# 入学試験問題

# 算　数

（　５０分　）

注意事項

１．試験開始の合図があるまで問題用紙を開かないでください。
２．解答は必ず解答用紙に記入してください。
３．問題用紙，解答用紙に受験番号，名前を記入してください。
４．試験終了後は各自問題用紙を持ち帰ってください。

| 受験番号 | 名前 | |
|---|---|---|
| | | |

近畿大学附属広島中学校福山校

〔1〕 次の計算をしなさい。

（1） $82 - 58 + 18$

（2） $144 \div 12 \times 3$

（3） $\frac{7}{3} \times \frac{15}{14} \div \frac{5}{6}$

（4） $\frac{3}{5} - 0.2 \times 1.2$

(5)　$\frac{1}{3}\times\left(\frac{2}{3}+\frac{1}{6}\right)\times\frac{3}{2}$

(6)　$\left\{\frac{3}{2}+\frac{3}{5}\div\left(2-\frac{7}{10}\right)\right\}\times\frac{13}{17}$

(7)　$2.71\times300+5.42\times250+27.1\times20$

(8)　$\frac{1}{2}+\frac{1}{6}+\frac{1}{12}+\frac{1}{20}+\frac{1}{30}+\frac{1}{42}$

〔2〕 次の各問いに答えなさい。

（1） 分速350mは時速何kmですか。

（2） 27と63のどちらで割っても3余る3けたの整数の中で，もっとも小さい整数を答えなさい。

（3） 正三角形ABCにおいて，辺AB上の点をD，辺AC上の点をEとし，DEを折り目として折ると，図のようになりました。㋐の角の大きさは何度ですか。

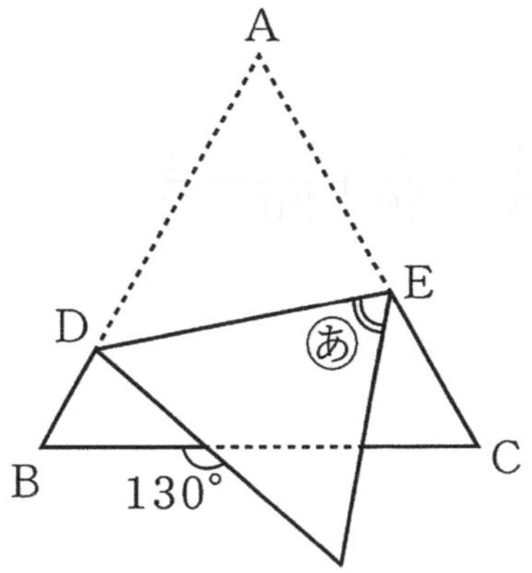

（４）　みかんと箱がいくつかあります。１箱に７個ずつ入れるとみかんが４個余りました。１箱に９個ずつ入れると６個だけ入る箱が１箱と使わない箱が３箱できました。みかんは全部で何個ありましたか。

（５）　ある池の周りを１周するのにＡくんは45分，Ｂくんは20分かかります。２人が同じ位置から同じ方向に進むとき，ＢくんがＡくんに１周差をつけるのは，同時に出発してから何分後ですか。

（６）　ある空の水そうにＡ管だけで水を入れると40分でいっぱいになり，Ｂ管だけで水をいれると60分でいっぱいになります。この水そうに最初57Lの水が入っているとき，Ａ管とＢ管を同時に開いて水を入れたら５分でいっぱいになりました。この水そうの容積は何Lですか。

途《と》中の考え方もかきなさい。

〔3〕 図のような高さ15cmの台形ABCDがあります。２つの対角線が交わった点をＥとします。

このとき，次の各問いに答えなさい。

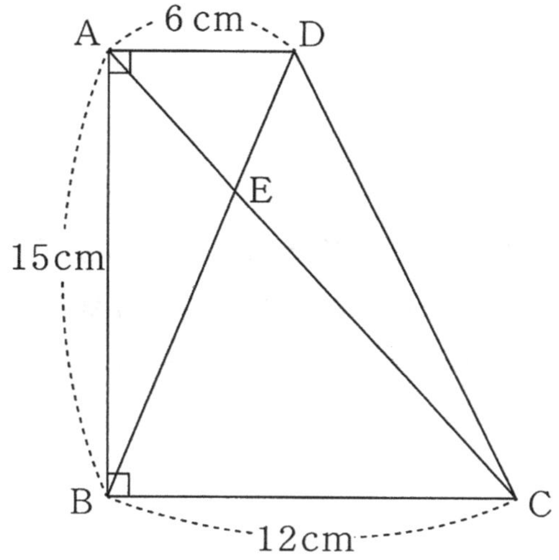


（１） 台形ABCDの面積は，何$cm^2$ですか。

（２） 三角形CDEの面積は，何$cm^2$ですか。

（３） 三角形BCEの面積は，何$cm^2$ですか。

〔4〕 石を正方形の形にならべます。図のように１辺にならべる個数を５個にすると，全体の個数は16個になります。

このとき，次の各問いに答えなさい。

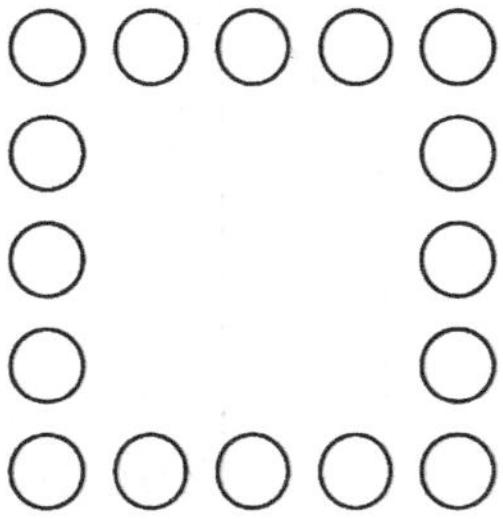

（1） 石の個数の変わり方を表にまとめました。あ，いに当てはまる数を答えなさい。

| １辺の個数（個） | 2 | 3 | 4 | 5 | 6 |
|---|---|---|---|---|---|
| 全体の個数（個） | 4 | 8 | あ | 16 | い |

（2） １辺にならべる石の個数を105個にすると，全体の個数は何個になりますか。

〔5〕 図1のような直方体の容器に8cmまで水が入っています。また，図2のような直方体の棒が何本もあります。

このとき，次の各問いに答えなさい。

図1

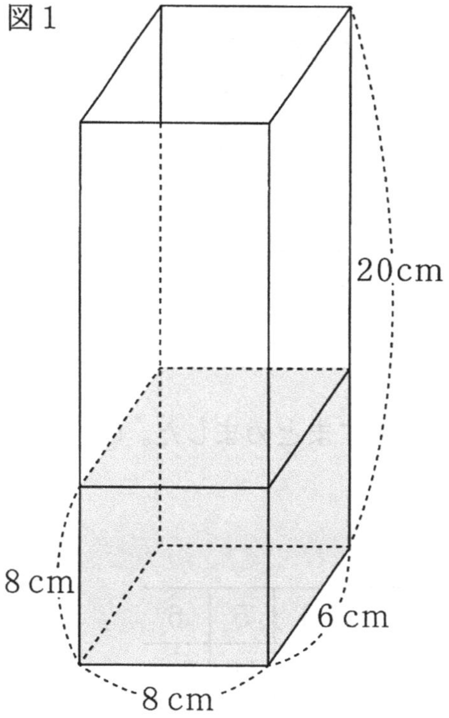


図2

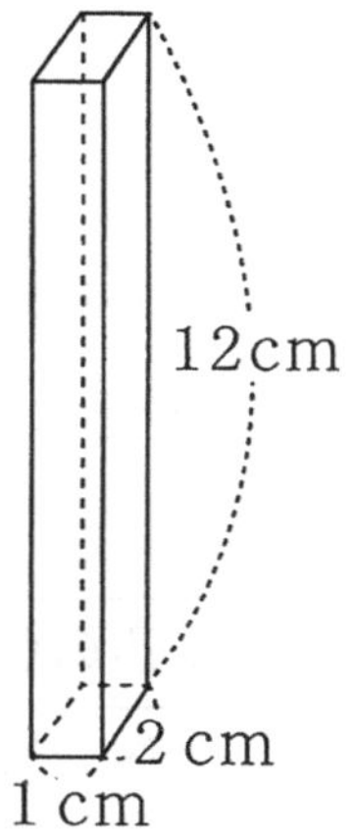


（1） この容器に4本の棒を底に着くまでまっすぐに入れると，水の深さは何cmになりますか。

（2） この容器に棒を何本か底に着くまでまっすぐ入れたところ，水の深さが15cmになりました。棒を何本入れましたか。

途《と》中の考え方もかきなさい。

令和３年度

# 前　期

# 入 学 試 験 問 題

# 理　　科

（　２５分　）

注 意 事 項

1．試験開始の合図があるまで問題用紙を開かないでください。
2．解答は必ず解答用紙に記入してください。
3．問題用紙，解答用紙に受験番号，名前を記入してください。
4．試験終了後は各自問題用紙を持ち帰ってください。

| 受 験 番 号 | 名前 | |
|---|---|---|
| | | |

近畿大学附属広島中学校福山校

1 植物と動物について，以下の問いに答えなさい。

Ⅰ．次の文章を読み，以下の問いに答えなさい。

植物の葉には (a) 気こうがある。たいていの植物は，気こうの数が葉の表より葉の裏に多いが，中にはそうでない植物もある。例えば，(b) コムギなどのイネ科の植物は葉の表と裏の気こうの数がほぼ同じであり，水面に葉を浮かべているヒツジグサなどは，葉の表だけに気こうがある。

（問１）下線部 (a) について，気こうから水蒸気が出るはたらきを何というか答えなさい。

（問２）（問１）がよくおこなわれる状態を（ア）～（エ）から１つ選び，記号で答えなさい。

（ア）気温が低いとき
（イ）葉の中の水分が多いとき
（ウ）日光があたっていないとき
（エ）二酸化炭素が多いとき

（問３）下線部(b)について，コムギと同じ葉のつくりをしている植物を（ア）～（エ）からすべて選び，記号で答えなさい。

（ア）ツユクサ　（イ）ホウセンカ　（ウ）ヘチマ　（エ）トウモロコシ

Ⅱ.【図１】は，ヒトの心臓を前から見た時の断面を示しています。これについて，以下の問いに答えなさい。

【図１】

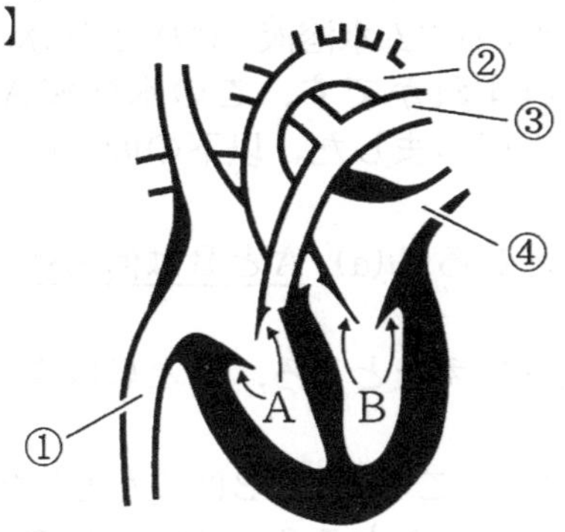


（問４）心臓から出ている血管のうち，肺につながっている血管を【図１】の①～④からすべて選び，番号で答えなさい。

（問５）【図１】のＡ，Ｂのはたらきとして正しいものを（ア）～（エ）から１つ選び，記号で答えなさい。

| |
|---|
| （ア）表面積を広げて血液を流れやすくする。<br>（イ）血液中の不要なものをとどめておく。<br>（ウ）血液が同じ方向に流れるようにする。<br>（エ）酸素の多い血液と酸素の少ない血液を分ける。 |

（問６）ある心臓では１分間に７０回収縮し，１回心臓が収縮すると６５ｍＬの血液を送り出します。この心臓は１日で何Ｌの血液を送り出すことになるか答えなさい。

2　以下の問いに答えなさい。

Ｉ．３本の試験官に水溶《よう》液Ａ，水溶液Ｂ，水溶液Ｃがそれぞれ入っています。水溶液Ａ～Cは（ア）うすい塩酸，（イ）水酸化ナトリウム水溶液，（ウ）石灰水，（エ）炭酸水，（オ）アンモニア水，（カ）食塩水のいずれかです。この水溶液Ａ～Ｃが何かを調べるために【実験１】～【実験４】を行いました。以下の問いに答えなさい。

【実験１】水溶液Ａ～Ｃを蒸発させたところ，(a) ＡとＢは何も残らなかったが，Ｃは固体が残っていた。
【実験２】水溶液Ａ～ＣにＢＴＢ溶液を加えたところ，ＡとＣは青色，Ｂは黄色に変化した。
【実験３】水溶液Ａ～Ｃのにおいをかいだところ，ＡとＢはつんとしたにおいがした。
【実験４】水溶液Ａ～Ｃに二酸化炭素を通したところ，(b) Ｃは白くにごった。

（問１）【実験１】と同じ操作を行ったとき，下線部 (a) と同じ結果になる水溶液を説明文の（ア）～（カ）からすべて選び，記号で答えなさい。

（問２）【実験１】～【実験４】の結果から，考えられる水溶液Ａ～Ｃを説明文の（ア）～（カ）からそれぞれ１つずつ選び，記号で答えなさい。

（問３）【実験４】の下線部 (b) の結果は（ア）～（カ）の水溶液を２つ混ぜることでも起こります。同じ結果になる水溶液の組み合わせを説明文の（ア）～（カ）から２つ選び，記号で答えなさい。

Ⅱ．二酸化炭素がどれだけ水にとけるかを調べるために，【図２】のようにピストン付きの容器を用意し，【実験５】～【実験６】の手順で実験を行いました。【表１】はその結果です。以下の問いに答えなさい。

【図２】

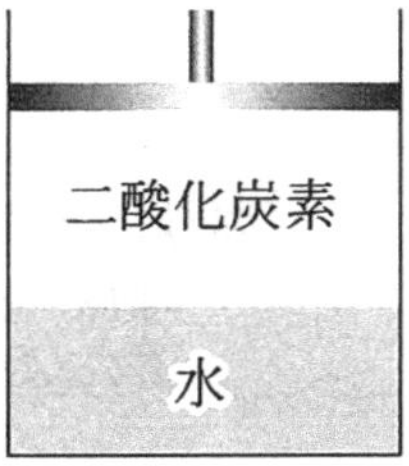


【実験５】容器に５０ｍＬの水と２０ｍＬの二酸化炭素を入れ，容器をふった。その後，容器内の水と二酸化炭素を合わせた体積をはかった。
【実験６】二酸化炭素の体積を４０ｍL，６０ｍL，８０ｍLと変えて【実験５】と同様の実験を行った。

【表１】

| 容器に入れた二酸化炭素の体積 | ２０mL | ４０mL | ６０mL | ８０mL |
|---|---|---|---|---|
| 実験後の容器内の体積 | ５０mL | ５７mL | ７７mL | ９７mL |

（問４）５０ｍＬの水に二酸化炭素は何ｍＬとけるか答えなさい。

（問５）２００ｍＬの水を使って同じ実験をすると，二酸化炭素は何ｍＬとけるか答えなさい。

3 以下の問いに答えなさい。

(問1) 冬の大三角で有名なオリオン座の一等星の星の名前を答えなさい。

(問2) 星のうごきについて次の文章を読み，( ) にあてはまる語句を選び，答えなさい。

『日本で星のうごきを観察すると，北極星を中心に時計のはりと(同じ・反対) 方向に回っているように見える。』

(問3) どろが固まってできた岩石を何というか答えなさい。

(問4) ある地層からサンゴの化石が出てきました。この地層ができた場所は，当時どのような環境であったか（ア）～（エ）から1つ選び，記号で答えなさい。

| | |
|---|---|
| (ア) 暖かく浅い海 | (イ) 暖かく深い海 |
| (ウ) 冷たく浅い海 | (エ) 冷たく深い海 |

(問5) 洪水や火山のふん火など，自然災害による災害を予測し，その被害のはん囲を表した地図のことを何というか答えなさい。

**4** 以下の問いに答えなさい。

Ⅰ．ものの長さや体積，重さについて，以下の問いに答えなさい。

（問１）水を冷やして氷にするとき，次の①，②について答えなさい。

① 体積がどうなるか，（ア）～（ウ）から１つ選び，記号で答えなさい。

| （ア）大きくなる　（イ）小さくなる　（ウ）変わらない |
|---|

② 重さがどうなるか，（ア）～（ウ）から１つ選び，記号で答えなさい。

| （ア）大きくなる　（イ）小さくなる　（ウ）変わらない |
|---|

（問２）【図３】のように，鉄製の球と鉄製のリングを用いて，温度と体積の関係を調べました。最初，球がぎりぎりリングを通り抜けられる状態にし，続いて，（ア）～（カ）の操作を行いました。球がリングを通り抜けられなくなるものを（ア）～（カ）からすべて選び，記号で答えなさい。

【図３】

（ア）球を熱して，リングを冷やす。
（イ）球を熱して，リングの温度はそのままにする。
（ウ）球の温度はそのままにして，リングを冷やす。
（エ）球の温度はそのままにして，リングを熱する。
（オ）球を冷やして，リングを熱する。
（カ）球を冷やして，リングの温度はそのままにする。

（問３）【図４】のように，ガスバーナーとコの字型の銅板を用意し，（ア）の点を熱しました。（イ）～（オ）を温度が高くなる順番に並べなさい。ただし，銅板上を伝わる熱のみ考えることとします。

【図４】

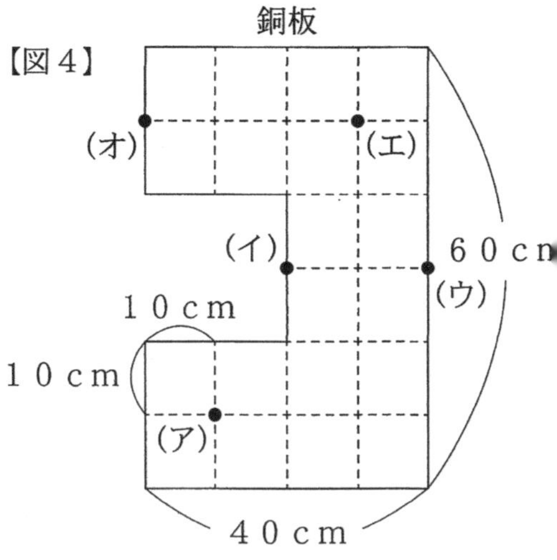

Ⅱ．ふりこのきまりについて，以下の問いに答えなさい。

（問４）ふりこの１往復する時間は，ふりこのひもの長さによって変わり，おもりの重さやふれはばによっては変わりません。このことを確かめるために，ひもの長さ２５ｃｍ，おもり１０ｇ，ふれはば２０°の条件で実験を行いました。他にどの条件の実験を行う必要があるか，（ア）～（オ）からすべて選び，記号で答えなさい。

（ア）ひもの長さ２５ｃｍ，おもり１０ｇ，ふれはば３０°
（イ）ひもの長さ２５ｃｍ，おもり２０ｇ，ふれはば２０°
（ウ）ひもの長さ２５ｃｍ，おもり２０ｇ，ふれはば３０°
（エ）ひもの長さ５０ｃｍ，おもり１０ｇ，ふれはば２０°
（オ）ひもの長さ５０ｃｍ，おもり２０ｇ，ふれはば３０°

（問５）ふりこの１往復する時間を調べる実験をするときの注意点として，次の①，②が正しい場合は○を，まちがっている場合は×を，それぞれ答えなさい。

① 正確にはかるため，実験ではふりこの１０往復する時間をはかり，その時間を１０で割る。
② 複数のおもりをつるすときは，【図５】の（ア）のようにつるし，（イ）のつるし方はしない。

【図５】

（ア）

（イ）

令和３年度

# 前　期
# 入　学　試　験　問　題

# 社　　会

（　２５分　）

注　意　事　項

１．試験開始の合図があるまで問題用紙を開かないでください。
２．解答は必ず解答用紙に記入してください。
３．問題用紙，解答用紙に受験番号，名前を記入してください。
４．試験終了後は各自問題用紙を持ち帰ってください。

| 受　験　番　号 | 名前 | |
|---|---|---|
| | | |

近畿大学附属広島中学校福山校

１　日本の領土や自然，産業について，あとの各問いに答えなさい。

問１　つぎの文章は，日本の領土について述べたものです。文章中の空欄《くうらん》（　１　）～（　４　）にあてはまる語句を，下の【語群】ア．～コ．より１つずつ選び，記号で答えなさい。

| |
|---|
| （　１　）は，歴史的にも国際法上も明らかに日本固有の領土であり，現に日本が有効に支配しています。したがって，（　１　）をめぐり解決すべき領有権の問題はそもそも存在しません。（　２　）が（　１　）に関する独自の主張を始めたのは，１９６８年に（　３　）海に石油埋蔵の可能性があると国連の機関が指摘した後の１９７０年代以降であって，それまで何ら異議をとなえていませんでした。それにもかかわらず，（　２　）は，２００８年に初めて（　１　）沖の日本の（　４　）内に侵入して以降，現在（２０１７年9月２８日時点）まで１９９回にわたり，（　２　）公船による（　４　）侵入を行ってきています。…（後略）… |

［外務省ホームページ「キッズ外務省」みんなの質問「ちょっと知りたい国際問題！」より］

【語群】

ア．竹島　　イ．尖閣諸島《せんかくしょとう》　　ウ．北方領土　　エ．中国

オ．韓国　　カ．ロシア連邦　　キ．日本　　ク．東シナ

ケ．領海　　コ．排他的経済水域

問２　右の図は，日本の河川と世界の河川の長さとかたむきを比べたものです。これを見て，つぎの各問いに答えなさい。

日本と世界の川の比較《ひかく》

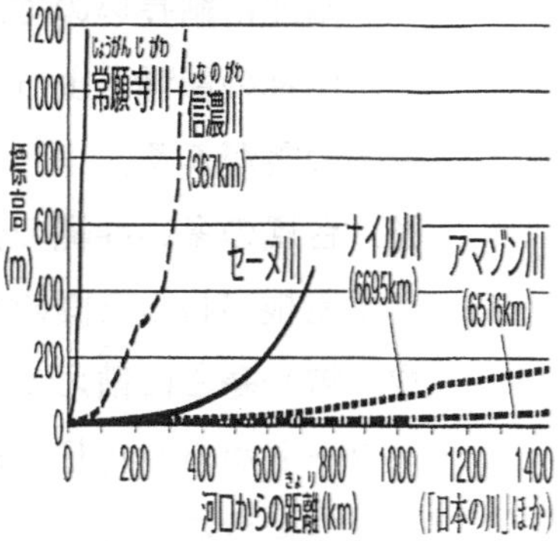


（１）日本の河川は，世界の河川と比べてどのような特徴がありますか。つぎの文中の空欄にあてはまる短文を，７字以上で答えなさい。

「　日本の河川は，（　　　　　　　　）。」

（２）（１）のような特徴《とくちょう》があるため，雨が降ると，どのようなことがおこりやすいですか。つぎの文中の空欄にあてはまる文章を，「水」という言葉を使って答えなさい。

「　雨が降ると，（　　　　　　　　），洪水がおこりやすい。」

問３　つぎの４つの文章は，日本の世界自然遺産である「知床《しれとこ》」「白神山地」「小笠原諸島」「屋久島」について述べたものです。このうち，「小笠原諸島」について述べたものを，ア．～エ．より１つ選び，記号で答えなさい。

ア．人の影響《えいきょう》をほとんど受けていない，原生的なブナ天然林が世界最大級の規模で分布している。

イ．生物がさまざまな場所に適応して進化した証拠《しょうこ》がよく残っており，また面積が小さいわりに，かたつむりと植物の固有種の割合が特《とく》に高い。

ウ．樹齢《じゅれい》数千年にもおよぶスギをはじめ，多くの固有種や絶滅《ぜつめつ》のおそれのある動植物が存在するなど，特異な生態系とすぐれた自然景観をもっている。

エ．流氷が押しよせる北半球で最も南の海域に位置し，流氷がダイナミックな生態系をもたらしている。

問４　日本の気候と人々のくらしについて述べた文章として間違っているものを，つぎのア．～ウ．より１つ選び，記号で答えなさい。

ア．南北に細長いので北と南で大きく気候が異なっているが，全体的に季節風と山地の影響によって，太平洋側では夏に雨が少なく，日本海側では冬に多くの雪がふる。

イ．台風の多い沖縄の伝統的な家では，石灰と粘土《ねんど》を混ぜてつくったしっくいで屋根がわらを固めたり，家のまわりをさんごの石垣《いしがき》で囲《かこ》んだりしている。

ウ．雪や寒さに備《そな》えて，北海道の家には，断熱材《だんねつざい》が多く用いられており，玄関フードがあったり二重まどを使ったりするなど，室内のあたたかさをにがさないようにしている。

問５　日本の農業について述べた文章として正しいものを，つぎのア．～ウ．より１つ選び，記号で答えなさい。

ア．野菜づくりは全国各地で行われていて，夏でもすずしい産地では，その気候に合ったトマトやナスなどを夏場に生産し，消費地に送っている。

イ．畜産の中でも肉牛や乳牛の飼育には，えさになる牧草をつくる広い土地が必要になるため，主な産地は北海道や九州地方になっている。

ウ．果物は気候の影響を受けやすいため，栽培される地域が限られていて，たとえばみかんは雨が少なくすずしい地域で，りんごは雨が少なく夏には気温が高くなる気候の地域で栽培されている。

問６　日本の工業について述べた文章ＡとＢの正誤の組み合わせとして正しいものを，下のア．～エ．より１つ選び，記号で答えなさい。

Ａ　日本の主な工業地域や工業地帯は，原材料の輸入や製品の輸出に便利な海沿いに広がっているが，最近は内陸部にも工業が発達してきていて，海沿いの地域の工業生産額は，日本全体の半分以下になってきている。

Ｂ　日本の工場数のほとんどを中小企業がしめていて，働く人の数でも７割以上を占めており，工業生産額も７割以上もある。

ア．Ａ－正　Ｂ－正　　イ．Ａ－正　Ｂ－誤
ウ．Ａ－誤　Ｂ－正　　エ．Ａ－誤　Ｂ－誤

2　２０２０年のできごとについて，あとの各問いに答えなさい。

問１　２０２０年に，「令和」になって初めての天皇誕生日がありました。それは何月何日ですか。月日を答えなさい。

問２　１月末には，ある国が，４７年間加盟していたＥＵ（ヨーロッパ連合）から正式に離《り》脱《だつ》しました。ある国について述べた文章として正しいものを，つぎのア．～ウ．より１つ選び，記号で答えなさい。

ア．ヨーロッパ第一の農業国で，食糧《しょくりょう》はほとんど自給できる。ルーブル美術館やエッフェル塔などもあり，観光客数は世界有数となっている。

イ．明治時代の日露《ろ》戦争開始の数年前，日本が同盟を結んだヨーロッパの国であった。

ウ．昭和時代の太平洋戦争開始直前，日本が同盟を結んだヨーロッパの２つの国のうちの１つである。

問３　新型コロナウイルスの感染《かんせん》が世界に拡大する中，３月には東京オリンピック・パラリンピックの１年程度の延期が決定されました。

（１）新型コロナウイルスなどの感染症対策を行うのは，日本では何省ですか。正式な省名を漢字で答えなさい。

（２）感染症対策などを行う国際連合の中の機関名を，つぎのア．～エ．より１つ選び，記号で答えなさい。

ア．ＷＨＯ　　　　イ．ＵＮＩＣＥＦ

ウ．ＵＮＥＳＣＯ　　エ．ＷＦＰ

（3）感染拡大を防ぐために推奨《すいしょう》されたこととして間違っているものを，つぎのア．～ウ．より１つ選び，記号で答えなさい。

ア．こまめに，しっかりと手洗いをする。

イ．飛まつが飛び散るのを防ぐため，マスクを着用する。

ウ．「三密《みつ》」になるのを防ぐため，人口の多い地域から少ない地域へ積極的《せっきょくてき》に移動する。

問４　７月１日より，全国で一律に「レジ袋」が有料化されました。これはどのような目的で行われたのですか。簡単に述べなさい。

３　世界各地の風土病が，諸外国との行き来によって伝染することは，これまでの歴史でも繰《く》り返されてきました。奈良時代には，「天然痘《てんねんとう》」と呼ばれる伝染病が，平城京を中心に流行したといわれています。また，江戸時代の終わりころには「コレラ」が流行し，その後，明治時代にも何度か流行したといわれています。そのころの日本の状況についての文章を読んで，あとの各問いに答えなさい。

（あ）聖徳太子によって，（い）遣隋使が派遣されたのち，中国では隋にかわって唐が成立しました。日本は，この唐にも使いを送り，さまざまな（う）すすんだ政治のやり方や（え）工芸品などを大陸から得ました。一方で，このころ大陸の伝染病が遣唐使によって日本に入ってきたともいわれています。７２４年に即位した（　１　）は，各地でおこる反乱や災害，病をしずめるために仏教の力に頼ろうとしました。（　１　）は７４１年に，国ごとに（　２　）を建てることを命じました。そして，(お) ７４３年には大仏をつくる命令を出しました。

江戸時代の日本は，(か) 鎖国政策をしていましたが，中国と（き）ヨーロッパの国では（　３　）とだけは長崎を通じて交易を行っていました。当時の伝染病は，この交易を通じて日本に入ってきて，広がってしまうこともあったようです。当時の日本の医者は，ヨーロッパの学問を研究する（く）蘭学から，この病と闘《たたか》うために研究を重ねたそうです。

# 令和3年度　前期　近畿大学附属広島中学校福山校入学試験　国語　解答用紙

| 受験番号 | 名前 |
| --- | --- |
| | |

## 一

問一
①
②
③
④

問二
①
②
③
④
⑤
⑥

得点

## 二

問一
A
B
C
D

問二

問三

問四

問五
(1)
(2)

L

〔3〕 (1) cm$^2$ (2) cm$^2$ (3) cm$^2$

〔4〕 (1) ㋐ ㋑ (2) 個

〔5〕 (1) cm

(2) 本

| 総　得　点 |
| --- |
| ※100点満点<br>(配点非公表) |

2021(R3) 近畿大学附属広島中福山校
K 教英出版

3

| | | | | | |
|---|---|---|---|---|---|
| 問1 | | 問2 | | 問3 | |
| 問4 | | 問5 | | | |

| 得　点 |
|---|
| |

4

| | | | | | | | |
|---|---|---|---|---|---|---|---|
| 問1 | ① | | ② | | | 問2 | |
| 問3 | → | → | → | | | 問4 | |
| 問5 | ① | | ② | | | | |

| 得　点 |
|---|
| |

| 総　得　点 |
|---|
| ※50点満点<br>（配点非公表） |

| | | | | | | | |
|---|---|---|---|---|---|---|---|
| 問3 | | 問4 | | 問5 | | 問6 | |
| 問7 | | 問8 | | 問9 | | | |

| 得点 |
|---|
| |

4

| | | | | | | | |
|---|---|---|---|---|---|---|---|
| 問1 | | 問2 | | 問3 | | 問4 | |
| 問5 | (1) | | (2) | | | | |

| 得点 |
|---|
| |

| 総　得　点 |
|---|
| ※50点満点<br>(配点非公表) |

| | |
|---|---|
| 受験番号 | |
| 名　前 | |

令和３年度　前期　近畿大学附属広島中学校福山校　入学試験　社　会　解答用紙

1

| | | | | | | | |
|---|---|---|---|---|---|---|---|
| 問1 | (1) | | (2) | | (3) | | (4) |
| 問2 | (1) | | | | (2) | | |
| 問3 | | 問4 | | 問5 | | 問6 | |

| |
|---|
| 得　点 |
| |

2

| | | | | | | |
|---|---|---|---|---|---|---|
| 問1 | 月　　日 | 問2 | | 問3 | (1)　　省 | (2) |
| (3) | | 問4 | | | | |
| | | | | | | |

| |
|---|
| 得　点 |
| |

【解答用

| | |
|---|---|
| 受験番号 | |
| 名　　前 | |

# 令和３年度　前期　近畿大学附属広島中学校福山校　入学試験　理　科　解答用紙

1

| | | | | | |
|---|---|---|---|---|---|
| 問1 | | 問2 | | 問3 | |
| 問4 | | 問5 | | 問6 | L |

| 得　点 |
|---|
| |

2

| | | | | | |
|---|---|---|---|---|---|
| 問1 | | | | | |
| 問2 | 水溶液Ａ | | 水溶液Ｂ | | 水溶液Ｃ | |
| 問3 | と | 問4 | mL | 問5 | mL |

| 得　点 |
|---|
| |

【解答

| 受験番号 | |
|---|---|
| 名　　前 | |

令和３年度　前期　近畿大学附属広島中学校福山校　入学試験　算　数　解答用紙

〔1〕

| | | | | | | | |
|---|---|---|---|---|---|---|---|
| (1) | | (2) | | (3) | | (4) | |
| (5) | | (6) | | (7) | | (8) | |

〔2〕

| | | | | | |
|---|---|---|---|---|---|
| (1) | 時速　　　km | (2) | | (3) | 度 |
| (4) | 個 | (5) | 分後 | | |

【解答

問六

問七

三

問一

ⓐ

ⓑ

ⓒ

問二

A

B

問三

問四

問五

問六

Ⅰ

Ⅱ

問七

問八

得点

得点

総得点

※100点満点
(配点非公表)

問１　文章中の空欄（　１　）～（　３　）にあてはまる語句を答えなさい。

問２　下線部（あ）について，この人物が推古天皇を助けるためについた役として正しいものを，つぎのア．～エ．より１つ選び，記号で答えなさい。

ア．執権　　　イ．摂政　　　ウ．管領　　　エ．関白

問３　下線部（い）について，遣隋使の派遣の仕方について正しいものを，つぎのア．～ウ．より１つ選び，記号で答えなさい。

ア．それまでの日本と中国との関係と同様に，みつぎものを持ってあいさつに行き，中国にしたがう形で行われた。

イ．日本と中国が対等な形で国交を結ぶことを目的としていた。

ウ．日本の天皇が，中国を従える形で国交を結んだ。

問４　下線部（う）について，このような政治のやり方を何といいますか。正しいものをつぎのア．～エ．より１つ選び，記号で答えなさい。

ア．封建制　　　イ．律令制　　　ウ．民主制　　　エ．共和制

問５　下線部（え）について，奈良の東大寺正倉院におさめられている工芸品から，当時の文化としてどのような影響を受けていたと考えられますか。正しいものをつぎのア．～ウ．より１つ選び，記号で答えなさい。

ア．中国・朝鮮半島の影響を受けており，仏像や寺院の建築の仕方も大陸のものをまねた，飛鳥文化として流行した。

イ．中国・朝鮮半島のみならず，ヨーロッパの船も来航し，その影響から南蛮文化とよばれる文化が栄えた。

ウ．中国・朝鮮半島のみならず，シルクロードを伝って西アジアやヨーロッパの影響を受けた，天平文化が栄えた。

問６　下線部（お）について，７４３年には「自らで開墾した土地は，永久にその家のものとする」命令も文章中の空欄（　１　）の人物によって出されています。その命令とは何ですか。答えなさい。

問７　下線部（か）について，この政策を実施したときの将軍は誰ですか。正しい人物をつぎのア．～エ．より１つ選び，記号で答えなさい。

ア．徳川家康　　イ．徳川家光　　ウ．徳川綱吉　　エ．徳川吉宗

問８　下線部（き）について，この国と交易を行っていた場所を漢字で答えなさい。

問９　下線部（く）について，蘭学には医学の他に語学や天文学，地理学などの新しいものが研究されました。下の地図は当時の測量の方法で作られたものです。この地図を作った人物は誰ですか。正しいものをつぎのア．～エ．より１つ選び，記号で答えなさい。

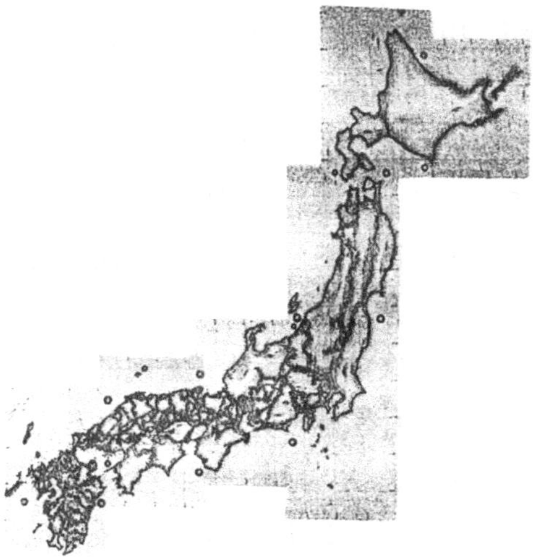

ア．伊能忠敬　　イ．杉田玄白　　ウ．本居宣長　　エ．歌川広重

４　あとの各問いに答えなさい。

問１　憲法を改正したことのある国が存在する中で，１９４７年に施行《しこう》されてから，一度も改正されていないのが日本国憲法です。日本国憲法について述べた文として正しいものを，つぎのア．～ウ．より１つ選び，記号で答えなさい。

ア．天皇は日本国や日本国民のまとまりの象徴であり，憲法に定められている国事行為以外にも政治的な権限を持つ。

イ．国民には，子どもに教育を受けさせる義務の他に，勤労の義務，納税の義務，憲法改正における国民投票で投票をする義務がある。

ウ．大日本帝国憲法とは異なり，国の政治のあり方を最終的に国民が決定する，国民主権が原則の一つである。

問２　戦後７５年がたち，戦争を経験した世代が減る中で，どのようにして戦争の記憶を継承《けいしょう》していくかに注目が集まっています。日本国憲法の平和主義について述べた文として正しいものを，つぎのア．～ウ．より１つ選び，記号で答えなさい。

ア．日本は広島と長崎に原爆が落とされた被爆国として，非核三原則という国の方針をかかげている。

イ．第二次世界大戦で多くの犠牲《ぎせい》者を出した反省から，日本国憲法の第１条で，平和主義の考えを具体的に記している。

ウ．日本は政府が正式な軍隊として認めている自衛隊によって守られており，自衛隊は大規模な自然災害が起きたときにも国民を守るために出動する。

問３　現在の日本には，最高裁判所の他にも，下級裁判所とよばれるいくつかの裁判所があります。２０２０年７月にいわゆる「黒い雨訴訟」において，原告側に全面勝訴の判決を出したことでも話題になった，都道府県庁所在地を中心に全国５０か所に設置されている裁判所を，次のア．～エ．より１つ選び，記号で答えなさい。

ア．簡易裁判所　　イ．地方裁判所　　ウ．家庭裁判所　　エ．高等裁判所

問4　選挙のたびに「投票率の低さ」や「若者の選挙離れ」という言葉が聞かれるとともに，有名人が投票をよびかける行動が，ＳＮＳ上で話題になっています。つぎの表は，過去１０回の国政選挙のデータから作成したものです。表について述べたものとして間違っているものを，下のア．～ウ．より１つ選び，記号で答えなさい。

| | 選挙当日<br>有権者数 | 投票者数 | 期日前投票者数 |
|---|---|---|---|
| 第２０回参議院選挙 | 102,507,526 | 57,990,757 | 7,171,390 |
| 第４４回衆議院選挙 | 102,985,213 | 69,526,624 | 8,962,911 |
| 第２１回参議院選挙 | 103,710,035 | 60,813,926 | 10,798,737 |
| 第４５回衆議院選挙 | 103,949,441 | 72,019,655 | 13,984,085 |
| 第２２回参議院選挙 | 104,029,135 | 60,255,670 | 12,085,636 |
| 第４６回衆議院選挙 | 103,959,866 | 61,669,475 | 12,038,237 |
| 第２３回参議院選挙 | 104,152,590 | 54,798,883 | 12,949,173 |
| 第４７回衆議院選挙 | 103,962,784 | 54,743,087 | 13,152,985 |
| 第２４回参議院選挙 | 106,202,873 | 58,094,005 | 15,987,581 |
| 第４８回衆議院選挙 | 106,091,229 | 56,952,674 | 21,379,982 |

［総務省　啓発その他より作成　※いずれも衆・小選挙区,参・選挙区の数値］

ア．期日前投票者数が，投票者数全体の４割以上を占《し》める選挙もあった。

イ．第４６回衆議院選挙以降の選挙では，期日前投票者数が増え続けている。

ウ．有権者数は第２４回参議院選挙が最も多く，第２０回参議院選挙が最も少なかった。

問５　新型コロナウイルス感染症の流行にともない，国の行った取り組みに対して様々な意見が聞かれるなど，２０２０年は政治への関心が高まった年ともいえます。それについて，つぎの各問いに答えなさい。

（１）全世帯へのマスク配布や，国民に一律《いちりつ》１０万円の特別定額給付金の支給《しきゅう》を行ったのが内閣です。内閣について述べた文として正しいものを，つぎのア．～ウ．より１つ選び，記号で答えなさい。

ア．内閣が開く閣議は，国会が作成した法律案や予算案の議決を行う。

イ．内閣が設置《せっち》する弾劾裁判所は，不正を行った裁判官をやめさせることができる。

ウ．内閣総理大臣によって任命される国務大臣が担当する省庁などが，内閣の仕事を支える。

(2) 国民の代表者である国会議員による国会での働きに期待が集まっています。選挙で選ばれた国会議員によって組織される，衆議院と参議院について述べた文として正しいものを，つぎのア．～ウ．より１つ選び，記号で答えなさい。

ア．衆議院の定数２４８人のうち，小選挙区から１４８人，比例代表から１００人が選出される。

イ．衆議院の選挙権は１８歳以上で被選挙権は２５歳以上，参議院の選挙権は２０歳以上で被選挙権は３０歳以上となっている。

ウ．解散がある衆議院の任期は4年，解散のない参議院の任期は6年となっている。